# PLACERES PROHIBIDOS

Lucía y Hugo

Placeres Prohibidos

Copyright © 2022 Lucía y Hugo

Todos los derechos reservados.

## **DEDICATORIA**

Para todos aquellos que han tenido el placer de explorar el mundo de la sensualidad, el erotismo y la intimidad, este libro es para vosotros.

Placeres Prohibidos

## Advertencia:

Este libro contiene contenido sexual explícito. No está recomendado para menores de 18 años. Si eres menor de edad, te recomendamos que no leas este libro. Si decides leerlo, lo haces bajo tu propia responsabilidad.

## CONTENIDO

Introducción .................................................................... 7
Masturbando Mis Placeres ............................................. 8
Entre dos hombres ........................................................ 10
Explorando la excitación ............................................... 13
Un Intercambio de Parejas ............................................ 15
Lugares Públicos ........................................................... 17
Mujer Enamorada .......................................................... 20
La Liberación de Sarah .................................................. 22
Curiosa pasión ............................................................... 24
Un encuentro erótico ..................................................... 28
Un Amor Inesperado ..................................................... 30
Ojos lascivos .................................................................. 32
Adictos al Placer ............................................................ 36
Amor a Primera Vista .................................................... 37
La Orgía ......................................................................... 39
En los Brazos de una Diosa .......................................... 41
El Vecino ........................................................................ 43
Lamiéndola ..................................................................... 45
El encuentro más erótico ............................................... 47
Historia de Una Mujer .................................................... 49
Tentación de la Piel ....................................................... 52
Medianoche .................................................................... 54
Una Noche Inolvidable ................................................... 56

Desconocido ....................................................................... 57

Experiencias Múltiples ...................................................... 59

Interminable ...................................................................... 62

Una Noche Inolvidable .................................................... 64

Lluvia de Amor ................................................................ 66

Juguetes eróticos .............................................................. 68

Los Lavabos de los Bares ................................................ 71

La Delicia de Lamer ........................................................ 73

Un placer en el ascensor ................................................. 75

Las Ansias ......................................................................... 77

La Obsesión ...................................................................... 80

Inextingible ...................................................................... 82

La Pasión Nocturna ......................................................... 84

La Niñera Cachonda ........................................................ 86

El Sexshop ........................................................................ 88

Fiesta de Pijamas .............................................................. 90

La Ventana ........................................................................ 92

Felación ............................................................................. 94

La Penetración Perfecta ................................................... 95

La Pasión de una Mujer .................................................. 97

Aventura en el hogar ..................................................... 100

Los Placeres del Intercambio ........................................ 102

El Espejo ......................................................................... 105

El Centro Comercial ...................................................... 107

Una Noche Inolvidable ................................................. 109

El Placer Oscuro ............................................................ 111

Mirando a la Vecindad .................................................................. 114

Masturbación Compartida ............................................................ 115

Una Experiencia Íntima ................................................................ 117

Mirar a la Vecina ........................................................................... 119

Contratando los Servicios Sexuales de un Hombre ................... 120

El Masaje Perfecto ........................................................................ 122

Nuevas Sensaciones ...................................................................... 125

Un encuentro inesperado en el camino ..................................... 127

La enfermera y los pacientes ....................................................... 129

Turbulencias en el baño ............................................................... 131

Lengua Erótica .............................................................................. 133

Un viaje de descubrimiento ......................................................... 135

El placer de los pies ...................................................................... 137

Trío ................................................................................................. 139

Lo Desbordante de una Mujer .................................................... 140

Carnaval de Pasión ....................................................................... 142

Bailando con Pasión ..................................................................... 144

Pasiones insondables .................................................................... 146

El amor por el Semen .................................................................. 148

Lugares públicos ........................................................................... 149

Tentación en la Discoteca ............................................................ 151

# Introducción

La vida es una aventura, y el erotismo es una parte importante de ella. Estos relatos eróticos intentan explorar el poderoso y complejo mundo de la intimidad, desde el punto de vista de parejas, solteros y todos los que se encuentran en una relación.

A través de esta colección de relatos eróticos, nos enfrentamos a situaciones cotidianas que ponen a prueba la resistencia emocional y sexual de los personajes. Algunos de ellos descubren nuevas formas de satisfacción, mientras que otros se enfrentan a situaciones difíciles. La sexualidad es una de las facetas más profundas de la vida humana, y estos relatos nos ayudan a entenderla mejor.

En estas historias, los personajes experimentan el placer sensual, el deseo y la desesperación, el amor y el odio, la lujuria y la confianza. Estos relatos nos acercan al corazón de la intimidad, permitiéndonos sentir todas las emociones que esto conlleva.

Nos permiten abrir nuestros ojos para ver más allá de los límites impuestos por la sociedad, para entender la complejidad de la intimidad entre dos personas. Esta colección de relatos eróticos nos da la oportunidad de experimentar el lado más íntimo de la vida, en toda su variedad. Así que prepárate para explorar un mundo lleno de sensualidad, pasión y deseo. ¡Disfruta la lectura!

## Masturbando Mis Placeres

Fue un día como cualquier otro. Me levanté de la cama, me duché y me vestí para el día. Como siempre, me sentí un poco nerviosa y ansiosa, pero también me sentí un tanto emocionada.

Una vez que estaba lista para empezar el día, regresé a mi habitación y me dirigí a mi cómoda cama. Esta vez, tenía un propósito diferente. Estaba a punto de explorar mi sexualidad y explotar mis placeres.

Me desvestí y me tumbé boca abajo sobre la cama. Estaba un poco incómoda al principio, pero a medida que pasaba el tiempo, me sentí más cómoda conmigo misma. Me di cuenta de que estaba disfrutando de la sensación de estar desnuda y expuesta a mi propia intimidad.

Cerré los ojos y me concentré en mis pensamientos más profundos. Me imaginé sentada en una playa desierta, dejando que el sol y el viento me acariciaran suavemente. Noté cómo la piel de mis muslos se erizaba a medida que el sol me acariciaba.

Entonces, me di cuenta de que estaba sintiendo el deseo de explorar mis placeres y me concentré en mis zonas erógenas. Empecé a manosear mi cuerpo desde la cabeza hasta los pies, sintiendo la sensación de mis manos sobre mi piel.

Sentí como mis dedos se deslizaban entre mis piernas y me encontré a mí misma acariciando mi clítoris. Estaba sorprendida de lo rápido que había llegado a este estado de excitación. Estaba completamente empapada y mi respiración se había vuelto más profunda.

Mis dedos se movían rápidamente y mis gemidos eran cada vez más intensos. Me sentía como si estuviera en un lugar totalmente nuevo y desconocido. Sentí que mis caderas se movían al ritmo de mis dedos.

No pude resistirme por más tiempo y me dejé llevar por un orgasmo intenso. Estaba tan empapada de placer que me sentí como si flotara en un mar de éxtasis.

Una vez que mi orgasmo se había disipado, me quedé ahí, tumbada, disfrutando de la sensación de bienestar y satisfacción.

Decidí que, desde ese día, iba a dedicar un tiempo cada día para explorar mis placeres a través de la masturbación. Estaba decidida a descubrir todos los placeres que me ofrecía mi cuerpo y estaba ansiosa por descubrir todos los secretos de mi sexualidad.

A medida que pasaban los días, mi tiempo de masturbación se convirtió en una experiencia emocionante y satisfactoria. Descubrí nuevas formas de estimularme y de alcanzar el orgasmo y nuevas maneras de disfrutar del placer.

Masturbarme se ha convertido en una parte importante de mi vida, y me siento muy afortunada de haber descubierto los placeres que me ofrece. Me siento liberada, empoderada y satisfecha.

## Entre dos hombres

Mariana miraba cómo el sol se escondía tras las montañas. Estaba recostada en la cama de su apartamento, rodeada de sus almohadas. Sus cabellos oscuros estaban desperdigados alrededor de su rostro, y sus largas piernas blancas y esbeltas se extendían desde la cintura hasta el pie de la cama. Pensó en cómo había llegado a este punto en su vida, su amor por el sexo y su deseo de experimentar con varias personas al mismo tiempo.

Mariana nunca había sido una persona cerrada, pero no fue hasta hace algunos años que comenzó a explorar sus deseos sexuales. Ella había sido una niña muy tímida y ahora era una mujer segura y decidida. La primera vez que Mariana tuvo un encuentro sexual con varias personas al mismo tiempo fue una experiencia única e inolvidable.

Se quedó extasiada al notar cómo los cuerpos se mezclaban entre sí. Todas las sensaciones eran nuevas y excitantes. Desde entonces, Mariana se había vuelto obsesionada con la idea de tener relaciones sexuales con varias personas al mismo tiempo. Siempre que podía, salía en busca de nuevas aventuras.

Mariana estaba completamente desnuda. Esperando su próxima aventura. Sonrió mientras escuchaba los pasos de los hombres que se acercaban a su puerta. Ella se sentía deseosa y emocionada. Cuando estos entraron en la habitación, Mariana los saludó con una gran sonrisa.

—¡Hola chicos, bienvenidos! —exclamó—. ¿Qué os parece si nos ponemos cómodos?

Los hombres compartieron una mirada y comenzaron a desvestirse. Mariana les alentó a seguir adelante, y poco a poco, todos quedaron desnudos. Ella los observó con admiración, notando cada uno de los detalles de sus cuerpos.

Los hombres se acercaron a Mariana y comenzaron a acariciarla con sus manos. Ella se dejaba llevar por los placeres, susurrando y gimiendo de placer. Los hombres la besaron por todas partes, mientras sus manos recorrían todo su cuerpo.

Mariana se volvía cada vez más excitada, notando el calor de sus cuerpos. Ella los abrazó fuertemente y comenzó a besar a los dos hombres en la boca, alternando entre ellos.

Ellos se acercaron a ella y comenzaron a besarla por todas partes. Su boca recorría cada centímetro de su cuerpo, mientras sus manos la acariciaban. Uno de ellos bajó directamente por su cuerpo. Mariana solo tenía ganas de que la lamiera entera; le agarró de la cabeza y lo dirigió directamente hacia su coño. Rápidamente, la lengua del hombre recorrió todos los recovecos de su vagina. Ella se sentía transportada por los placeres, notando la energía del momento.

Los hombres se colocaron a cada lado de ella y comenzaron a penetrarla a la vez. Ella gritaba de placer. Ellos se movían con sincronía, aumentando el placer de Mariana.

—¡Oh, Dios! —gritó ella—. ¡Esto es increíble!

Los hombres se movían cada vez más rápido, llevando a Mariana al clímax. Ella gritó de placer, notando cómo su cuerpo temblaba por los orgasmos. Los hombres también llegaron al clímax, mientras se abrazaban a ella.

Mariana se quedó acostada entre los dos hombres, extasiada por la experiencia. Ella se sentía completamente satisfecha, como si hubiera alcanzado el paraíso.

—Eso fue increíble —dijo Mariana, sonriendo—. ¡Nunca antes había sentido algo tan intenso!

Los hombres se miraron con una sonrisa complicidad. Sabían que la pasión de Mariana era real y que disfrutaba cada momento que pasaban juntos. Ellos también habían disfrutado el encuentro, y no veían la hora de volver a verla.

—Estoy contenta de que hayas decidido explorar tus deseos —dijo uno de los hombres—. Es algo que todos deberíamos hacer.

—Estoy de acuerdo —respondió Mariana—. Después de esta experiencia, sé que no hay nada mejor que vivir el momento.

Mariana se levantó de la cama y comenzó a vestirse. Los hombres la miraron con admiración, notando su cuerpo perfecto. Ella les sonrió, agradecida por la experiencia.

—Espero volver a vernos pronto —dijo—. Esta noche ha sido algo increíble.

Los hombres asintieron complacidos, antes de salir de la habitación. Mariana se quedó sola, pensando en lo afortunada que era por haber encontrado a dos hombres que compartían su pasión por el sexo.

## Explorando la excitación

La noche era tranquila y el silencio se sentía en el aire. Estaba sola en mi habitación, mirando fijamente el techo, con mis pensamientos perdidos en una fantasía erótica. Me sentía caliente, mi piel tenía un tono rosado y mi respiración era agitada. Mis ojos estaban cerrados, mis manos acariciaban mi cuerpo desde la parte superior de mi torso hasta el interior de mis muslos.

Poco a poco, mis dedos se deslizaron más abajo, a lo largo de la línea de mi espalda y finalmente, llegaron a mi ano. Estaba nerviosa, no había estado ahí antes, pero también estaba increíblemente excitada. Mis dedos se movían con suavidad, acariciando la piel alrededor de mi ano y luego se deslizaron dentro de él, provocando una sensación que me hizo temblar.

Mis dedos fueron más allá, explorando su interior, moviéndose con suavidad, pero cada vez con más presión. Sentí como un calor intenso se extendía por todo mi cuerpo, la respiración se me aceleró.

Algunos dedos de mi mano estaban ahora completamente dentro de mi ano, y mis dedos se movían con rapidez, explotando todos los puntos de placer que se escondían ahí. Cada vez me sentía más cachonda, mis gemidos se escuchaban cada vez más fuertes en la habitación. Mis caderas se movían sin parar, mi cuerpo vibraba de placer y mi mente se llenaba de pensamientos eróticos.

De repente me di cuenta de que mi coño estaba completamente mojado. Mi mano bajó hasta ella, acariciándola lentamente y estimulando la sensación de placer que me recorría. Comencé a masajearme, disfrutando de la sensación que mis dedos me daban. Mis gemidos se volvieron aún más fuertes, mi cuerpo temblaba, mi respiración se aceleraba y mi mente estaba completamente perdida en la fantasía erótica.

Mi mano fue subiendo por mi cuerpo hasta llegar otra vez a mi ano. Mis dedos se deslizaron dentro de él, estimulando el placer que había experimentado antes. El placer me recorría todo el cuerpo, mis gemidos eran indescriptibles y sentí como el orgasmo se acercaba.

Mis dedos se movían con rapidez dentro de mi ano, estimulando todos los puntos de placer que estaban allí. La sensación era increíble, temblores de satisfacción recorrían mi cuerpo, mis gemidos se volvían cada vez más fuertes y mi respiración se aceleraba. De repente, el orgasmo llegó, mis caderas se movieron con rapidez y mi cuerpo entero se estremeció de placer.

Finalmente, el orgasmo desapareció y me dejó con una sensación de relajación. Me quedé ahí, tumbada en la cama, intentando recuperar el aliento.

A partir de ese momento, me di cuenta de que el placer que sentía al tocarme el ano era algo que me gustaba mucho. Cada vez que me tocaba, experimentaba sensaciones nuevas y me sentía cada vez más excitada.

## Un Intercambio de Parejas

La noche era cálida y las estrellas parpadeaban en el cielo. La luz de la luna se reflejaba en el agua, creando una atmósfera mágica. Era la noche perfecta para un intercambio de parejas.

Él y ella estaban sentados en una mesa, bebiendo sus cócteles y mirándose el uno al otro con deseo. Estaban ansiando salir de la monotonía de su vida diaria y experimentar algo completamente nuevo.

Habían encontrado a otra pareja con la que intercambiarse para tener relaciones sexuales. Estaban preparados para lo desconocido y estaban listos para explorar sus cuerpos.

Él la besó apasionadamente, dejando caer su mano hasta su espalda para acariciarla. Ella se acercó a él, deslizando sus manos por su cintura. Él la besó con más pasión y se separaron con un suspiro.

No podían esperar más para comenzar la noche. Estaban ansiosos por ver con quién iban a intercambiarse y qué iban a hacer. Se acercaron a la otra pareja y se saludaron.

Se presentaron como «John y Mary», y los otros dos eran «Dave y Celia». Los cuatro se miraron con nerviosismo y excitación. Estaban ansiosos por comenzar.

John y Celia se dirigieron a una de las habitaciones del apartamento, Dave y Mary fueron a otra. Los cuatro estaban preparándose para lo que les esperaba.

John se acercó a Celia y la besó apasionadamente. Ella suspiró de placer y él la acarició con suavidad. Se besaron con pasión y se desnudaron lentamente. Él la acarició por todas partes, explorando su cuerpo con sus manos y su boca.

Celia estaba ansiosa por sentir a John contra ella. Él la besó apasionadamente, sus lenguas se entrelazaban mientras sus cuerpos se movían en perfecta armonía.

John la llevó a la cama y comenzaron a hacer el amor. Celia gritaba de satisfacción. La sensación era indescriptible.

Mientras tanto, Mary le estaba chupando la polla a Dave. Él estaba disfrutando de sus caricias y de la sensación de sus labios en su pene. Ella le besaba y lamía con pasión, mientras él gemía de placer.

Dave levantó a Mary y la colocó en la cama. Él comenzó a besarla y acariciarla con suavidad. Ella se estremeció de placer y gimió mientras él exploraba su cuerpo. Dave bajó por su cuerpo hasta que pudo meter su cara entre los muslos de Mary. Luego, sacó su lengua y la introdujo en lo más profundo de su vagina. Jugó con los movimientos de su lengua hasta que notó que Mary se corría en su boca de placer. Luego, subió por su cuerpo y la penetró lentamente, moviéndose con ritmo mientras ella gemía de satisfacción.

John y Celia se miraron el uno al otro con deseo mientras se movían juntos. Sus cuerpos se movían en perfecta armonía, y sus gemidos de placer se mezclaban con los de Dave y Mary. Estaban experimentando algo totalmente nuevo y se sentían vivos.

De repente, los cuatro se detuvieron al mismo tiempo. Estaban exhaustos, pero satisfechos. Habían experimentado una noche de deseo ardiente; una experiencia que nunca olvidarían. Se miraron el uno al otro con satisfacción y sonrieron.

Estaban emocionados por la experiencia vivida. Habían descubierto una nueva forma de conectar y habían compartido una experiencia única. El intercambio de parejas había cumplido su cometido, y los cuatro estaban felices de haberlo hecho.

## Lugares Públicos

Su nombre era Cassandra, una mujer atractiva, con un cuerpo esbelto y curvilíneo. Siempre había sido muy atrevida y osada, pero desde hace algunos años tenía una pasión por mantener relaciones sexuales en lugares públicos.

No sabía por qué le gustaba tanto el riesgo de ser descubierta, pero el simple hecho de saber que podría ser vista por otras personas era lo que la hacía sentirse viva.

Un día decidió salir a explorar. Estaba vestida con una camiseta blanca y una falda ajustada. Sus zapatos de tacón eran negros y sus medias eran negras también.

Caminó por la calle principal del pueblo, mirando a su alrededor en busca de un lugar adecuado. Finalmente, llegó a una callejuela aislada.

Se detuvo un momento para mirar alrededor. No había nadie a la vista, así que decidió entrar.

Se dirigió a una esquina, donde había un banco de madera. Se sentó y comenzó a mirar alrededor. Mientras lo hacía, vio a un hombre que pasaba por allí.

Se acercó un poco más y vio que el hombre la estaba mirando. Se sonrojó un poco, pero le gustaba que la estuviera mirando.

—Hola —dijo el hombre.

—Hola —respondió Cassandra.

El hombre se acercó a ella.

—¿Qué haces aquí? —preguntó.

—Estaba buscando un sitio para tener sexo —dijo Cassandra, con los ojos brillantes.

El hombre la miró fijamente y se dio cuenta de lo atrevida que era.

—¿Estás segura de que quieres hacer esto aquí? —preguntó.

—Sí, estoy segura —respondió ella.

El hombre sonrió y se acercó aún más.

Las manos de aquel hombre fueron a la cara de Cassandra y la besó apasionadamente. Ella se dejó llevar por la pasión que sentía.

El hombre comenzó a desnudarla lentamente. Sus cuerpos estaban entrelazados y los dos estaban disfrutando cada minuto de aquel encuentro.

De repente, Cassandra escuchó un ruido. Abrió los ojos y vio que alguien pasaba por allí. El hombre la miró y ella se cubrió rápidamente con su ropa.

—¿Qué hacemos ahora? —preguntó Cassandra, con el corazón latiéndole a mil por hora.

—Tenemos que salir de aquí —dijo el hombre.

Los dos salieron rápidamente de allí, escondiéndose en un callejón cercano. Una vez que estaban seguros, el hombre la abrazó y comenzaron a besarse de nuevo.

Sus cuerpos se mezclaron con el fuego de la pasión y Cassandra se sentía más viva que nunca. El hombre la levantó y la llevó a una esquina. Allí comenzaron a desnudarse de nuevo.

Sus cuerpos se entregaban el uno al otro con pasión y Cassandra sentía que todos sus sentidos estaban en llamas. El hombre comenzó a explorarla con sus manos y su lengua, haciendo que sus gemidos de placer se escucharan por todo el lugar.

Cuando alcanzaron el clímax, Cassandra se dio cuenta de que aquella experiencia había sido más emocionante de lo que jamás había imaginado.

—Eres increíble —dijo el hombre, mientras la abrazaba.

Cassandra sonrió.

—Sí, lo soy —dijo con una sonrisa en los labios.

A Cassandra nunca le dejó de gustar mantener relaciones sexuales en lugares públicos. Desde entonces, cada vez que se sentía aburrida o sin inspiración, salía a la calle en busca de algo emocionante.

## Mujer Enamorada

Era un día como cualquier otro en la oficina. Me levanté, me vestí y me dirigí al trabajo. Siempre me sentía un poco nerviosa al entrar en la oficina de mi jefe. Él era un hombre realmente guapo y siempre me robaba la mirada. Trataba de no mirarlo demasiado, pero en el fondo sentía que algo pasaba entre nosotros.

Ese día, como cada mañana, me encontré con él en la oficina. Me miró con sus ojos verdes y me sonrió. Estaba tan distraída con su presencia que casi me olvido de saludarlo. Me sentí un poco tonta, pero él no pareció importarle.

Me senté en mi silla y comencé a trabajar. Al principio, me concentré en mis tareas, pero luego comencé a notar que mi jefe me miraba. Sus ojos eran tan intensos que sentía que me llamaban.

Comencé a sentir una sensación caliente que se extendía por todo mi cuerpo. Estaba tan excitada que sentí que mi cuerpo empezaba a temblar. No podía creer lo que estaba pasando.

Sabía que lo que tenía en mente era algo pecaminoso, pero no podía evitarlo. La idea de acercarme a él y hacerle una felación me hacía sentir viva. No podía negar que me encantaba.

Así que me levanté de mi silla y me acerqué a él. Él me miró y me sonrió, como si supiera lo que estaba a punto de hacer. Me acerqué aún más y me arrodillé frente a él. Entonces, con una mano me desabroché los botones de mi blusa y con la otra le agarré su pantalón.

Entonces, con suavidad, comencé a bajarle el cierre de su pantalón. La emoción de lo que estaba por hacer me hizo temblar. Él seguía mirándome con sus ojos verdes y una sonrisa en los labios.

Una vez abierto el cierre, saqué su polla y comencé a lamerla con suavidad. Era tan grande y dura que casi me asusté. Él me miraba con lujuria mientras me tomaba de la cabeza.

Comencé a mover mi lengua de arriba abajo, saboreando su sabor salado. Cada vez que mi lengua pasaba por su glande, él gemía de placer y me apretaba la cabeza con más fuerza.

Me sentía tan excitada que comencé a mover mis manos por su polla. La frotaba con suavidad mientras mi boca se movía arriba y abajo. Mis movimientos eran cada vez más rápidos y él gemía cada vez más fuerte.

En ese momento, supe que estaba llegando al orgasmo. Su polla se puso tan dura que sentí que se iba a reventar. Entonces, él me agarró de los hombros y me dijo que no parara.

Así que, con toda la pasión que estaba sintiendo, seguí chupándole la polla. Él se corrió con fuerza dentro de mi boca y yo tragué todo el líquido.

Había dado todo de mí y me había entregado al placer. Era como si mi cuerpo y mi alma hubieran sido uno.

Mientras me levantaba, él me miró con una sonrisa en los labios.

Y esa fue la primera vez que lo hicimos. Fue el comienzo de una pasión tan intensa como la que sentía por él.

## La Liberación de Sarah

La habitación era cálida y acogedora. El sofá de terciopelo rojo tenía muchos cojines y la alfombra bien cuidada, completaba el ambiente. El sonido del fuego crepitando en la estufa de leña, llenaba el aire con una sensación de calidez.

Sarah estaba desnuda, acostada de espaldas, con los ojos cerrados, respirando profundamente. Su piel era suave y lisa, y sus caderas se movían al compás de su respiración. Una ligera brisa entraba por la ventana abierta, refrescando el aire cargado de anticipación.

Su amante, un hombre alto y musculoso con una barba de varios días, se acercó lentamente a ella. Sus manos estaban cálidas al tocar su cuerpo y ella gimió de placer cuando él empezó a acariciarla con suavidad. Sus dedos fueron descubriendo cada una de sus curvas, mientras sus labios besaban su cuello y su espalda.

Sarah se fue abriendo al placer, y su cuerpo se relajó, dejando que él la llevara más allá de los límites de lo conocido. Sus dedos se deslizaron entre sus muslos, acariciando su interior con ternura, mientras su lengua recorría su cuello.

Ella gimió más y más al sentir la intensidad de sus caricias, y sus manos se aferraron a las sábanas. Él la hacía sentir completamente libre, completamente desinhibida, dejando que ella se dejara llevar por el placer que él le estaba proporcionando.

Mientras sus dedos se deslizaban entre sus muslos, Sarah se sintió transportada a un lugar de paz. Sus músculos se relajaron.

Él se movió con maestría entre sus piernas, acariciando suavemente su clítoris con los dedos. Ella gimió de placer, y él aumentó la presión a medida que se movía dentro y fuera de ella.

Su cuerpo empezó a temblar por el placer, y ella se aferró a él mientras se acercaba a su orgasmo.

Sarah alcanzó el clímax. Se sintió completamente viva, llena de energía y de placer. Se sentía como si hubiera dejado atrás todos sus miedos y temores, y por fin estuviera viviendo su vida al máximo.

Cuando la última ola de placer se desvaneció, Sarah se quedó acostada sobre el sofá, relajada y feliz.

Sarah sabía que no sería la última vez que sentiría aquel placer pero cada vez que lo sentía, lo disfrutaba al máximo.

## Curiosa pasión

En un lugar solitario, una mujer andaba por un camino de grava con una sonrisa en su rostro. Era una mujer hermosa, con cabello negro y una figura esbelta. Sus ojos estaban llenos de curiosidad y sus labios estaban levemente entreabiertos. Ella sabía dónde iba, pero no sabía qué iba a encontrar.

Llegó a una casa enorme con una fachada de madera. Parecía un lugar muy antiguo y desierto. Ella se preguntó quién podría vivir allí, pero decidió, de momento, no preguntar y se mantuvo escondida en la sombra.

Entonces escuchó una voz profunda y masculina que le hablaba desde la puerta principal.

—¿Eres la mujer que viene a verme? —preguntó el hombre con una voz suave y acariciante.

Ella lo miró con los ojos muy abiertos. Él era alto y musculoso, con cabello oscuro y piel morena. Tenía una cara hermosa y una mirada poderosa. Él sonrió y abrió la puerta para invitarla a entrar.

—¿Me dejarías entrar? —dijo ella con voz temerosa.

—No te preocupes —dijo él con una sonrisa—, te invito a entrar.

Entró con cuidado. Estaba un poco asustada, pero curiosa a la vez.

El hombre cerró la puerta tras ella y le ofreció un asiento. Se sentó y se volvió a mirarlo.

—¿Por qué me has invitado a entrar? —preguntó ella.

—He estado esperando a alguien como tú —dijo él con una sonrisa—Quiero mostrarte algo que seguramente te gustará.

Ella se sentó en silencio, un poco confundida.

—¿Qué es? —preguntó ella.

—Es mi polla —dijo él con una sonrisa.

Ella se sonrojó al instante, pero no apartó la mirada.

—Es un pene muy grande —dijo él con una sonrisa—. ¿Te gusta?

Ella asintió con la cabeza, aunque sus mejillas estaban aún más rojas.

—¿Quieres tocarlo? —preguntó él.

Ella asintió de nuevo, con una sonrisa tímida. Él se acercó un poco más y le tomó la mano para llevarla a su pene erecto. Ella no podía creer lo que estaba sucediendo.

—¿Te gusta? —preguntó él con una sonrisa.

Ella asintió de nuevo, y comenzó a acariciar el enorme y duro pene. Él soltó un gemido de placer al sentir sus manos. Ella sintió un cosquilleo en su vientre cuando él gimió. Estaba muy excitada.

—¿Quieres probarlo? —preguntó él.

Ella asintió una vez más con la cabeza, sin poder articular palabra. Él se acercó a ella y la besó con pasión. Ella se dejó llevar por sus sentimientos y comenzó a besarlo con más fuerza.

Él la empujó hacia atrás y comenzó a desnudarla. Ella estaba muy excitada y se dejó llevar. Ella se sentía como si todos sus sentidos estuvieran al máximo.

Cuando ella estuvo completamente desnuda, él se recostó en la cama y la invitó a acercarse. Ella se acercó a él, temblando de deseo. Él le acarició la espalda con delicadeza mientras la besaba con deseo.

Ella se acercó más a él, hasta que su pene estuvo justo delante de su cara. Lo tomó con suavidad, y comenzó a acariciarlo con su lengua. Él soltó un gemido de placer al sentir sus labios.

Ella comenzó a hacerle una felación, con suavidad y con deseo. Él gimió de placer y se apretó contra ella. Aumentó el ritmo de sus lamidos, y él comenzó a moverse con ella. Su cuerpo entero estaba temblando.

Ella seguía lamiendo y chupando su enorme y duro pene con una pasión indescriptible. Él empujaba su cuerpo contra el de ella cada vez con más fuerza. Ella no podía creer lo excitada que estaba.

Finalmente, él llegó al orgasmo y ella se sorprendió de lo intenso que fue. Él se derrumbó a su lado y ella se quedó mirándolo con una sonrisa en los labios.

—Es increíble —dijo ella con un suspiro—. Nunca había sentido algo así.

—Yo tampoco —dijo él con una sonrisa—. Jamás me la habían chupado tan bien.

Ella se sonrojó de nuevo, pero esta vez con una sonrisa. Se quedó a su lado durante un momento, disfrutando el sentimiento de su abrazo.

Finalmente, ella se levantó y se vistió. Él la miró con una sonrisa y le dijo:

—Espero que vuelvas pronto.

Ella le devolvió la sonrisa y salió de la casa.

## Un encuentro erótico

Era una noche de verano cálida y tranquila. La luna iluminaba el cielo y las estrellas brillaban como nunca antes. Estaba sola, acostada en mi cama, deseando con toda mi alma que algo cambiara. Estaba cansada de estar sola, de sentir que mi vida sexual se estancaba. Entonces, una voz me llegó desde lo más profundo de mi ser. «Vete al bosque y encontrarás el encuentro que tanto deseas».

Sin pensarlo dos veces, me vestí con mi mejor ropa y caminé hasta la entrada del bosque. La luna me guiaba. Caminé durante horas, disfrutando del sonido de los animales nocturnos y de la brisa suave que me acariciaba el rostro.

Finalmente, al llegar a un claro en medio del bosque, encontré lo que había estado buscando. Cinco personas, tres hombres y dos mujeres, estaban sentados alrededor de un fuego, bebiendo y riendo juntos. Al verme, ellos también rieron, pero no fue una risa burlona, fue amigable, como si me conocieran desde hacía mucho tiempo.

Me acerqué a ellos y me presenté. Me dijeron que se llamaban John, Sarah, Eric, Amy y Jake. Ellos eran un grupo de amigos que se habían reunido para pasar unas horas de diversión. Me invitaron a unirme a ellos y, sin pensarlo dos veces, acepté.

Los cinco estaban desnudos y yo estaba vestida. Un poco incómoda, comencé a quitarme la ropa mientras ellos me miraban con sus ojos ansiosos. Cuando me desnudé por completo, una sensación de libertad me inundó. Los cinco me miraban con deseo y desde ese momento supe que algo diferente iba a suceder.

John se acercó a mí y comenzó a acariciarme suavemente. Sus caricias eran cálidas y eróticas. Su toque me despertó sentimientos que no sabía que tenía. Mis ojos se cerraron mientras él me besaba con pasión.

Entonces, los demás se acercaron a mí y todos empezamos a acariciarnos mutuamente, recorriendo nuestros cuerpos con nuestras manos. Sentí como si nuestras almas se fundieran en una sola. El fuego a nuestro alrededor se intensificó y el calor se hizo insoportable.

Siguiendo los impulsos de mi cuerpo, me dejé llevar por el placer. Me sentí como si estuviera en una orgía de almas, donde todos éramos uno. Me sentí libre como nunca antes, sin prejuicios ni temores.

Los cinco nos besamos y acariciamos con pasión. Nuestros cuerpos se entrelazaron entre sí, creando una telaraña de deseo, placer y satisfacción. El fuego nos rodeaba y sus llamas se movían al ritmo de nuestro amor.

Nuestras almas estaban en armonía, y el placer que sentí fue indescriptible. Estaba en un estado de éxtasis.

Cuando el encuentro llegó a su fin, volví a casa más feliz que nunca. Me sentía renovada, como si mi vida sexual hubiera resurgido de entre las cenizas.

## Un Amor Inesperado

Aquella noche, mientras caminaba por la calle, un viento frío azotaba mi rostro. La ciudad estaba desierta. Nadie más parecía encontrarse fuera a aquella hora. Estaba sola. No había nadie a quien recurrir, excepto a mí misma.

Pero, justo cuando estaba a punto de desanimarme, vi algo. Una figura oscura al final de la calle. Me acerqué lentamente, con cautela. No quería asustarlo. Al acercarme, pude ver que era un hombre. Un hombre hermoso. Sus ojos verdes brillaban a la luz de la luna y su cabello negro se movía con el viento.

Me detuve, incapaz de moverme más allá. Nuestros ojos se encontraron y en ese momento supe que algo especial estaba sucediendo. Él también lo sabía.

Sin decir una palabra, me acerqué y toqué su brazo. Me miró, parpadeando. Nuestros labios se juntaron y nos besamos con pasión. Su lengua exploró mi boca, mientras mis manos recorrían su cuerpo. Me sentí arder de deseo.

Nos apartamos, con los ojos brillantes. Sin decir una palabra, él me tomó de la mano y me llevó hacia un edificio cercano. Subimos las escaleras, hasta llegar a una habitación en el último piso.

Una vez allí, nos desvestimos mutuamente. Él me levantó en sus brazos, me llevó al centro de la habitación y me acostó en la cama. Sus ojos me miraban fijamente mientras yo me sentía cada vez más excitada.

Me besó con avidez, recorriendo mi cuerpo con sus manos. Me susurraba al oído frases lascivas, mientras recorría con su lengua cada centímetro de mi piel.

Sus labios se detuvieron en mi ombligo y sus dedos se aferraban con fuerza a mis caderas. Su polla estaba duro como una roca. Me besó con ansia y me penetró.

Gemí de placer. Me sentí en el paraíso mientras él me montaba con fuerza, acariciando mi cuerpo con sus manos.

Nos besamos mientras él me llenaba una y otra vez. Nuestros cuerpos se movían como si estuviésemos unidos.

Llegamos juntos al clímax. Los espasmos de placer se extendían por todo mi cuerpo.

Nos quedamos abrazados por un momento, disfrutando de la calidez del otro.

## Ojos lascivos

Los ojos de la mujer miraban con lascivia la gran polla que tenía delante. Sus labios estaban húmedos, y su boca estaba abierta, ansiosa por probar su sabor. Estaba completamente desnuda, con su pelo desenredado cayendo por sus hombros. Sus manos temblaban de deseo, ansiosas por tocar y sentir el gran pene que se alzaba frente a ella.

Su respiración se aceleró mientras se aproximaba a él. Poco a poco, sus labios se acercaron al miembro erecto. Comenzó a besarlo suavemente, pero con tanta lujuria que parecía que iba a devorarlo. Sus manos se movían por todo el pene, acariciándolo con delicadeza, mientras sus labios seguían besándolo.

—¡Oh, sí...! —susurró con voz dulce, disfrutando de cada momento con gran placer.

Los ojos de la mujer se cerraron mientras su lengua se movía por el largo miembro, acariciándolo con suavidad. Seguía besándolo con pasión, mientras su boca se abría y su lengua exploraba aquella polla.

De repente, la mujer se detuvo. Se sentó sobre sus talones y miró al hombre a los ojos.

—Qué bien sabe —dijo con voz suave.

El hombre sonrió con complicidad.

—Esta noche te haré disfrutar como nunca —respondió con voz profunda.

La mujer asintió con la cabeza.

—Soy toda tuya —dijo con voz sensual.

El hombre, lentamente, se acercó a ella y su boca se unió a la de ella. Su lengua exploró la boca de la mujer, mientras sus manos acariciaban su cuerpo.

De repente, el hombre se separó de ella. La miró a los ojos, con una mirada lujuriosa.

—Ahora es el momento de que te pongas de rodillas y te prepares para recibir lo que tengo para ti —dijo con voz suave.

La mujer asintió con la cabeza. Se arrodilló frente a él, con sus manos apoyadas en el suelo. Su respiración se aceleró y su corazón palpitaba de emoción.

El hombre se acercó a ella y su polla se frotó contra los labios de la mujer. Esta abrió su boca para recibirlo y comenzó a mover sus labios alrededor del pene. Su lengua se movía lentamente, acariciando el largo miembro con suavidad.

—Oh, sí... así... —susurró el hombre, mientras sus caderas se movían con cada beso.

La mujer seguía besando el pene con lujuria. La polla estaba completamente impregnada en la saliva de ella. Su boca se abría y cerraba alrededor del pene, mientras su lengua se movía con rapidez. La mujer disfrutaba cada momento, con gran placer.

—Oh, sí… así… ¡No pares! —gritó el hombre, con voz ronca.

Ella seguía chupando el pene, mientras sus manos acariciaban sus muslos con suavidad. Su boca se movía cada vez más rápido, mientras su lengua jugaba con el miembro.

De repente, el hombre se corrió en la boca de la mujer. Esta tragó su semen con placer, disfrutando cada gota.

Cuando terminaron, el hombre se tumbó a su lado. Miró a la mujer con admiración, mientras ella lo miraba con lujuria.

—Eres increíble —dijo el hombre, acariciando su rostro con suavidad.

—Tú también —respondió la mujer, con una sonrisa en los labios.

La mujer se recostó sobre el hombre, acariciando su cabello con suavidad.

—¿Sabes? —dijo ella, con voz dulce— Me ha encantado chupártela.

El hombre sonrió con complicidad.

—A mí también que me la chupes —dijo con voz suave.

La mujer sonrió.

—Entonces, ¿por qué no hacemos esto más a menudo? —dijo con voz sensual.

El hombre asintió con la cabeza.

—Cuando quieras —respondió con voz profunda.

## Adictos al Placer

Ella había estado esperando este momento durante tanto tiempo. El salón estaba oscuro, con solo una luz tenue encendida. El aire estaba cargado de emociones, de expectativas. Se sentía con una energía increíble, como si estuviera flotando sobre una nube.

Se deslizó hacia él, sus cuerpos se unieron al unísono. Sus labios se encontraron en un beso profundo y apasionado. Él la abrazó fuerte, sus manos se deslizaron por su espalda, acariciando sus formas suaves. Ella se sentía como si estuviera en una nube, una sensación de placer la invadió.

Se levantaron y fueron hasta la cama. Sintieron el calor de su cuerpo. Sus manos recorrieron suavemente sus piernas desnudas, subiendo por su torso. Ella disfrutaba al máximo.

Él se deslizó bajo sus piernas y empezó a besar y lamer con fruición su entrada. Ella gimió y se tembló de placer. Él seguía lamiendo con maestría y acariciando suavemente con los dedos.

Ella estaba cada vez más excitada, el deseo la invadía. Él la penetró lentamente, con suavidad y firmeza. Ella se arqueó contra él, sintiendo la presión de su cuerpo. Ambos gemían de placer.

Él se movía dentro de ella a un ritmo perfecto, cada vez más profundo y rápido. Ella gritaba de placer. Estaban perdidos en un mar de sensaciones, como dos adictos al placer.

Los dos llegaron al orgasmo, sus cuerpos temblaban de placer. Se quedaron en la cama abrazados, sintiendo la energía que los llenaba.

## Amor a Primera Vista

La noche se había hecho larga y el cansancio comenzaba a abrumarme. Había estado trabajando durante horas en el ordenador, intentando llegar a la solución de un problema. El reloj marcaba las tres de la madrugada cuando decidí salir a tomar una copa. Me vestí rápidamente con una camisa y una chaqueta, y salí a dar un paseo.

No había mucha gente en la calle, solo algunos borrachos y algunos transeúntes solitarios. Llegué al bar y me senté en una mesa en un rincón. Me tomé un whisky y me sentí mejor.

De repente, entró alguien en la sala. Era una chica muy hermosa, de cabello castaño y con una sonrisa encantadora. Llevaba una falda corta y una camisa blanca. Al verla, mi corazón se aceleró. Me quedé mirándola, impresionado por su belleza.

Ella se acercó a la barra y pidió una copa. Entonces, me miró directamente a los ojos. Fue ese momento cuando supe que era el amor a primera vista.

Me acerqué a ella y le pregunté si le gustaría sentarse conmigo. Me sonrió y aceptó. Nos sentamos juntos y comenzamos a conversar.

Nos contábamos cosas sobre nosotros, como si nos conociésemos desde hace tiempo. Yo estaba fascinado por su belleza y por su conversación.

A medida que pasaba el tiempo, nos fuimos acercando más. Me sentí atraído por ella, como si una fuerza nos empujara.

Nos miramos a los ojos durante un rato, hasta que ella se acercó un poco más. Nuestros labios se encontraron y el beso fue como una explosión de energía. Nuestras lenguas se mezclaron y nuestros cuerpos se fundieron.

Nos besamos durante horas, con una pasión desconocida. Estaba completamente enamorado de ella. Era como si nos hubiésemos conocido desde siempre.

Cuando el bar cerró, salimos juntos. Fuimos directamente a mi casa, donde pasamos la noche juntos. Nuestro amor fue intenso y apasionado.

Esa noche de amor fue el comienzo de una increíble historia de amor.

## La Orgía

Carmen estaba muy emocionada. Esta era la primera vez que iría a una orgía y la idea de estar rodeada de desconocidos excitaba aún más su pasión. Estaba ansiosa por experimentar todos los placeres que la noche le ofrecía.

Llegó al lugar, una gran casa en la orilla de un lago, y se quedó mirando alrededor. La casa estaba llena de gente bailando, riendo y divirtiéndose. Carmen se sentía intimidada; de repente, sintió una mano en su hombro.

Se dio la vuelta para ver quién era y se encontró con una mujer guapa con un vestido ajustado, que le preguntó: «¿Estás lista para divertirte?». Carmen asintió con la cabeza, aún un poco nerviosa.

La mujer, que resultó ser la anfitriona de la fiesta, le explicó que la orgía estaba compuesta por varios grupos de tres personas, y que podía unirse a uno de ellos si quería. Carmen se sintió aliviada. La anfitriona le pidió que la siguiera, y la llevó a una habitación con una cama grande. En la cama había dos hombres, uno moreno y uno rubio. La anfitriona les dijo a los dos hombres que Carmen era su invitada y les pidió que la cuidaran.

Los dos hombres se presentaron como Sergio y Marcos. Estaban desnudos y muy excitados. Sergio se acercó a Carmen y la besó con pasión. Ella se sintió muy atraída por él y le devolvió el beso.

Marcos se acercó a ella y le susurró al oído: «No te preocupes, esta noche vas a experimentar cosas que nunca habías imaginado». Estas palabras la excitaron aún más, y de repente se sintió dispuesta y ansiosa por descubrir todos los placeres que la noche le tenía preparados.

Los dos hombres comenzaron a acariciarla suavemente. La excitación de Carmen fue creciendo cada vez más. Pronto se sintió como en un trance, completamente entregada a los dos hombres.

Sergio la besó con pasión y la llevó al borde del éxtasis. Ella se sentía completamente entregada a sus caricias. Marcos la acariciaba con sus manos y labios, y ella se sentía cada vez más excitada.

Los dos hombres comenzaron a besarla y acariciarla por todas partes. Ella no podía contener sus gemidos. Su pasión estaba en su punto más alto.

Los dos hombres la llevaron a un clímax increíble. Carmen estaba en el cielo. Nunca había experimentado algo así. La pasión que sentía por los dos hombres era indescriptible.

Mientras uno de los hombres la penetraba por la vagina, el otro introdujo su polla en su ano muy suavemente. Ella sintió una sensación muy placentera que la hizo gemir de placer, se sentía completamente satisfecha al tener dos pollas a la vez dentro de ella. Los dos hombres comenzaron a moverse al mismo ritmo, sus movimientos eran cada vez más rápidos y profundos. Ella se sentía cada vez más excitada y su cuerpo se contorsionaba de placer. Se sentía como si se hubiera convertido en una máquina de placer, sus gemidos eran cada vez más altos y se sentía llevada por una ola de placer.

Los dos hombres aceleraron el ritmo de sus movimientos y ella alcanzó el orgasmo. Los tres se desplomaron en la cama completamente exhaustos. Ella se sentía maravillosamente satisfecha y agotada a la vez.

Después de su éxtasis, los tres se quedaron abrazados durante un rato. Carmen estaba muy feliz y agradecida por haber vivido aquella noche inolvidable. Se sentía completamente satisfecha y realizada.

Carmen sabía que aquella noche había sido solo el comienzo.

## En los Brazos de una Diosa

Ella vestía de una forma tan sexy, con sus pantalones ceñidos al cuerpo y una camiseta blanca ajustada que destacaba sus curvas y sus pechos. Sus cabellos castaños caían como cascadas sobre sus hombros y su piel era suave como la seda. Estaba allí, sentada en una silla, con una mirada de ensueño en sus ojos y una sonrisa que me cautivó.

Nos miramos a los ojos y sentí como si mis piernas se hubieran convertido en gelatina. No pude evitar sentirme completamente enamorado de ella, y ese fue el comienzo de nuestra historia. Me acerqué a ella y mis manos se deslizaron por su cabello, acariciando suavemente su piel. Nuestras bocas se encontraron en un beso apasionado y nuestras lenguas se entrelazaron.

Me sentí transportado a otro mundo, como si no hubiera nada más que el placer y el deseo que sentíamos el uno por el otro. Nuestros cuerpos se fundieron en uno solo y nos sumergimos en una danza de lujuria que nos hizo perder el control.

La llevé a la habitación y la coloqué sobre la cama. Mis manos se deslizaban por su cuerpo, acariciando sus pechos y sus caderas. Sus pezones se pusieron erectos y eso me provocó una gran excitación.

Comencé a besar su cuello y su vientre mientras mis dedos jugaban con sus pezones. Ella gemía con cada uno de mis movimientos y yo me sentía cada vez más excitado. Mi lengua exploraba su cuerpo mientras mis manos se deslizaban entre sus piernas.

Ella me abrazó con sus brazos y cerró los ojos mientras el placer se apoderaba de ella. Mis dedos la acariciaban con suavidad mientras mi lengua seguía su ritmo. Ella empezó a gemir y a moverse cada vez con más fuerza.

Cuando llegó al orgasmo, a su cuerpo le dio un escalofrío y yo sentí como si me hubiera desintegrado. Me quedé allí mirándola mientras se recuperaba de aquel momento de total éxtasis, y entonces supe que estaba completamente perdido en los brazos de una diosa.

## El Vecino

Ella siempre había tenido una atracción por el vecino que vivía en la casa de al lado. Era un hombre guapo y apuesto, con un cuerpo esculpido en el gimnasio. Era una mujer hermosa y sensual, con un cuerpo de ensueño y una pasión que crecía día a día.

Un día, mientras estaban compartiendo una cena en la misma mesa, ella se atrevió a preguntarle a su vecino si quería tener sexo con ella. Al principio, él no estaba seguro de lo que debía hacer, pero ella lo sedujo con su encantadora sonrisa y su mirada profunda, hasta que finalmente él cedió.

Se desnudaron el uno al otro y comenzaron a besarse apasionadamente. Él acariciaba cada rincón de su cuerpo con una pasión que jamás había sentido antes. Sus manos recorrían su espalda, sus caderas, sus muslos. Sus lenguas se fundían mientras sus cuerpos se entrelazaban de placer.

—Estoy tan cachondo, —susurró él al oído.

Ella le sonrió y le dijo: —Yo también, veamos a dónde nos lleva esto.

Fueron sofá y ella se tumbó sobre él. Sus manos se movían sobre la piel de ella con ternura, acariciando cada curva de su cuerpo. Él lamía sus pechos con suavidad, suavemente, mientras ella gemía de placer.

La penetró con suavidad, moviéndose dentro de ella a un ritmo cada vez más rápido. Sus cuerpos se fundían en una sola entidad, en una danza de pasión. Ella se estremecía de placer a medida que él iba aumentando el ritmo, llevándolos más allá de lo que jamás habían experimentado antes.

—Oh, mi amor, no pares, —dijo ella entre gemidos.

—No puedo parar, estoy muy cachondo, —respondió él, con la respiración cada vez más acelerada.

Ambos llegaron al clímax al mismo tiempo, los cuerpos temblando de placer. Quedaron abrazados uno al otro, sintiendo el calor de sus cuerpos entrelazados.

—Eso ha sido increíble —dijo ella con una sonrisa.

—No he sentido algo así nunca —añadió él.

Se quedaron abrazados un rato más, disfrutando de la pasión que acababan de compartir. Después se vistieron y se despidieron con un beso.

Desde ese día, han compartido muchos momentos de pasión y erótica, descubriendo nuevas formas de excitarse y llevar el placer a un nivel superior. Sus encuentros no han perdido nada de su intensidad, y se han convertido en una parte muy importante de sus vidas.

Es curioso pensar cómo una simple atracción puede desencadenar tanta pasión y amor. Pero, en este caso, eso es exactamente lo que sucedió. Y, aunque a veces se preguntan si todo esto es realmente posible, no hay duda de que están disfrutando cada momento que comparten.

## Lamiéndola

No había nada más satisfactorio que ver a mi esposa dormir profundamente. Las suaves curvas de su cuerpo me recordaban la pasión que sentíamos el uno por el otro desde el primer día. Estaba profundamente dormida y dormía desnuda. Era una invitación demasiado tentadora.

Me incliné sobre ella y comencé a explorar su piel con mis labios. Empecé con su cuello, besando suavemente y acariciando suavemente con mi lengua. Bajé por su pecho, deteniéndome en cada pezón para lamer y morder suavemente. Descendí hasta su vientre, donde me detuve para lamer y morder suavemente su ombligo.

Finalmente, llegué a la zona más íntima de todas: su parte más íntima. Mi lengua comenzó a explorar lentamente su coño, lamiendo suavemente el dulce néctar que se desprendía de ella. Me deleité en el sabor y la textura de su piel, explorando cada centímetro de su zona íntima.

Mientras mi lengua trazaba círculos alrededor de su clítoris, mi corazón comenzó a latir más rápido. Me entregué al placer que sentía al explorar su cuerpo y me di cuenta de que estaba a punto de llegar al clímax. Estaba tan excitado que me sentí como si estuviera a punto de explotar.

Mientras mi lengua seguía explorando suavemente su coño, seguí acariciando su piel. Mi lengua se estaba moviendo cada vez más rápido, y mi cuerpo se estaba entregando cada vez más a la pasión de la que estaba disfrutando.

Finalmente, mi lengua encontró su punto más sensible. Mi lengua se enroscó alrededor de su clítoris, lamiendo suavemente y provocando una ola de placer que recorrió todo mi cuerpo. Gemí suavemente mientras mi lengua se movía alrededor de su clítoris, llevándome cada vez más cerca del orgasmo.

Mi lengua se movía cada vez más rápido, presionando suavemente. En ocasiones, introducía toda mi lengua en lo más profundo de su vagina. La movía sintiendo todas las paredes y dando paso a una sensación cada vez más intensa. Mi respiración comenzó a acelerarse, y sentí cómo la presión se acumulaba en mi cuerpo.

De repente, un grito de placer salió de mis labios mientras el orgasmo me atravesaba como una ola. Me quedé tendido a su lado por unos segundos, mientras mi cuerpo se recuperaba del placer que acababa de experimentar.

Finalmente, me levanté y me vestí. Me acerqué a ella y la besé suavemente en la mejilla. Ella seguía profundamente dormida, sin saber que había estado disfrutando de un momento tan íntimo. O eso creía yo. Sonreí mientras me alejaba de ella, orgulloso de haber disfrutado de una noche de placer sin despertarla.

## El encuentro más erótico

Aquella noche por fin había llegado. El encuentro más erótico de su vida estaba a punto de comenzar. Se sentía nerviosa, pero también excitada. En su mente, la imaginación se iba a la locura con todo lo que podía suceder.

Se cambió rápidamente, poniéndose un vestido blanco muy sugerente que dejaba entrever sus curvas perfectas. Se miró al espejo y se vio más sensual de lo que se había imaginado. Se sentía poderosa y segura de sus atributos.

Se dirigió hacia el lugar acordado y allí lo encontró, esperándola. Era tan guapo como lo recordaba y su corazón latía con fuerza. Se acercaron y él la abrazó con fuerza. Ella cerró los ojos y se dejó llevar por la pasión que sentía.

Se dirigieron hacia la habitación y allí se desató la lujuria. Se desnudaron lentamente y se dejaron llevar por el momento. Ella se arrodilló y comenzó a besar su pene, mientras él se gozaba de placer.

Continuaron con sus juegos eróticos y cada vez el placer se intensificaba. Él la tomó en sus brazos y la llevó a la cama. Allí la acarició y besó con pasión. Ella se abrió para él y se dejó llevar por sus movimientos.

La lujuria se desató y el encuentro llegó a su punto más álgido. Él la penetró con fuerza y ella disfrutó de placer. No había sentido nunca tanto placer y su cuerpo se derretía con cada embestida.

Al cabo de un rato, ella le sugirió que introdujera su pene por la parte de detrás. Y así lo hizo suavemente. El ritmo era constante, ella estaba a cuatro patas mientras él la penetraba analmente. Mientras ella jugaba con su clítoris con su pequeña mano le rogaba a él que no parase. El orgasmo no tardó en llegar. Ella le abrazó con fuerza y se quedaron así un buen rato. Se sentía relajada y satisfecha, como si el mundo entero fuera suyo.

Se acostaron y charlaron un rato, disfrutando del momento. El encuentro había sido tan erótico como ella lo había imaginado. Sabía que aquella noche sería inolvidable.

## Historia de Una Mujer

Carmen era una mujer de treinta años con una belleza deslumbrante que hacía que todos los hombres se pusieran a sus pies. Ella era una mujer con un gran apetito sexual, pero nunca había encontrado a alguien que satisficiera sus deseos.

Carmen se había vuelto adicta a la masturbación, pasando horas enteras explorando su cuerpo y descubriendo nuevos placeres. Le encantaba sentir cómo el placer se extendía por su cuerpo cuando se tocaba. Muchas veces se masturbaba más de una vez al día, perdiéndose en los mundos de fantasía que creaba.

Un día, mientras estaba en la cama, sintió un fuerte deseo de probar algo nuevo. Esta vez quería algo más intenso, algo que la llevara a nuevas alturas.

De repente, vio un anuncio en la televisión sobre un nuevo juguete erótico. Se trataba de un vibrador con una forma y diseño único. El anuncio decía que le daría algo más que simple placer.

Carmen no dudó en comprar el juguete y pronto se encontró en la cama con el vibrador en la mano. Le encantaba experimentar orgasmos mientras estaba sola.

Lo primero que hizo fue explorar su cuerpo con el vibrador. Descubrió que el vibrador le daba mucho más placer que antes. El placer comenzó a aumentar cada vez más, hasta que el clímax llegó y Carmen sintió que el mundo se desmoronaba a su alrededor.

Cuando el placer finalmente se desvaneció, Carmen no pudo evitar sentirse culpable. Se preguntaba si estaría bien que se masturbara tanto. ¿Tendría algo malo?

Carmen decidió hablar con su mejor amiga, Alejandra, al respecto. Alejandra era una mujer con mucha experiencia en el mundo de la sexualidad y Carmen confiaba en que le daría un consejo sabio.

—¿Qué pasa, Carmen? —preguntó Alejandra con preocupación.

—He estado masturbándome mucho últimamente. No puedo dejar de hacerlo.

—¿Y qué te parece? —preguntó Alejandra.

—No estoy segura. Me siento culpable y preocupada porque no sé si está bien.

—-Mira, Carmen —dijo Alejandra con suavidad —no hay nada malo en masturbarse. Es algo completamente normal. Muchas mujeres se masturban y es una forma de descubrir el placer que hay en tu cuerpo.

—¿En serio? —preguntó Carmen con los ojos brillantes.

—Sí, en serio. No hay nada malo en descubrir el placer de esta forma. Y además, es algo que solo tú puedes hacer por ti misma.

Carmen se sintió aliviada al escuchar las palabras de Alejandra. Sabía que estaba en lo cierto con lo que estaba haciendo.

A partir de ese día, Carmen no tuvo miedo de explorar el placer que podía encontrar en su cuerpo. Se masturbaría todos los días, dos y tres veces, disfrutando de los placeres que le proporcionaba.

Al mismo tiempo, descubrió que podía usar el vibrador para hacer más intenso su placer. Era increíble la cantidad de cosas que podía hacer con él.

Carmen se sintió orgullosa de sí misma por descubrir el placer que había dentro de ella. Ya no le importaba lo que los demás pensaran porque sabía que estaba haciendo algo bueno para su cuerpo y su mente.

Carmen se había convertido en una mujer con mucha confianza en sí misma y con una gran pasión por la masturbación. Descubrió que era algo maravilloso que la llevaba a nuevas alturas de placer y satisfacción.

## Tentación de la Piel

Ella estaba sentada en la sala, con la mirada fija en la ventana. La tarde parecía ilimitada, con una suave brisa entrando por la abierta ventana, refrescando su rostro y meciendo su cabello.

Su piel brillaba con el calor del sol, haciendo que su cuerpo se sintiera deseable. Era una tentación irresistible, que la llevaba a un estado de ánimo en el que su mente abandonaba toda inhibición.

A través de la ventana, él la miraba embelesado. Era como un ángel, con un cuerpo de dios, que solo podía verse desde la distancia. Su cabello castaño brillaba con el brillo del sol y sus ojos oscuros destellaban con una intensidad inigualable.

Ella sentía sus miradas penetrantes como si fueran una caricia. Estaba hipnotizada por su presencia, y se sentía más vulnerable que nunca. Era una sensación tan intensa, que le daba miedo y deseo al mismo tiempo.

De repente, él se encontraba en el lugar donde estaba ella. Se acercó a su cara. Sus labios eran suaves y cálidos, y sus manos recorrían su cuerpo con mucha delicadeza. Su cuerpo era un manantial de placeres desconocidos, y sus besos eran cada vez más profundos.

La habitación se llenaba con el aroma de su piel, mezclado con el aroma de la hierba y el sol. Él la hacía sentirse viva, y ella se dejaba llevar por el placer.

Cada vez que sus cuerpos se acercaban, sentían una intensa conexión que los unía. El calor de su piel era una tentación irresistible que los hacía perder la cabeza. Se abrazaban con pasión, como si no hubiera mañana, dejando que sus cuerpos se fundieran en un solo placer.

La tentación de la piel era una experiencia única que ninguno de los dos podía resistir. Se deleitaban en los placeres más íntimos que el cuerpo humano puede ofrecer.

Se quedaron en el mismo lugar hasta que el sol se escondió, con una conexión que jamás habían sentido antes. Se miraron a los ojos y se abrazaron con una ternura que los hacía sentirse protegidos. Sabían que aquel momento no se repetiría nunca más, y que sus cuerpos formarían parte de un recuerdo imborrable que duraría para siempre.

## Medianoche

Era una noche cálida de verano y él estaba en la terraza de su casa, frente al mar. La brisa marina acariciaba su rostro, mientras él tomaba un trago de vino y disfrutaba del espectáculo de la luna llena.

A lo lejos, escuchó el sonido de pasos. Se volvió y vio a una mujer que se acercaba. Su cabello negro se movía a la luz de la luna, su piel era suave como la seda y su cuerpo era una obra de arte.

Antes de que pudiera decir algo, ella se arrodilló a sus pies y le besó la rodilla. Él sintió un fuego recorrer su cuerpo y sintió que sus labios se movían en círculos, besándole la piel cada vez más arriba con una sensualidad que lo dejó sin aliento.

Entonces ella se levantó y él la abrazó con fuerza, sintiendo el calor de su cuerpo contra el suyo. Se besaron con una pasión profunda, sus lenguas bailaban en una danza sensual.

Fue entonces que fueron a la habitación y él la desvistió lentamente, dejando que sus manos recorrieran cada parte de su cuerpo, hasta que ella se sintió completamente desnuda. Él se desnudó también, y entonces él la acostó en la cama y la besó con una pasión aún mayor.

Él la acariciaba con ternura, explorando su cuerpo con sus manos y su lengua. Ella gemía de placer bajo sus caricias.

Luego él la penetró, suavemente al principio, luego con más y más fuerza.

Él dejó que ella llegara al orgasmo. Quería llegar él mientras ella se la chupaba. Se tumbó en la cama y ella dirigió su cara hacia sus muslos. Empezó a lamérsela suavemente, mientras con la otra mano le acariciaba suavemente los testículos. Él gemía de placer mientras ella disfrutaba de la suavidad de su piel.

Siguió chupando y acariciando suavemente su polla, bajó su mano y le estimuló la zona anal.

Él comenzó a gemir de forma más intensa.

Ella se deslizó desde abajo hacia arriba, empezando a lamer de forma más intensa y con más rapidez.

Él estaba disfrutando de su lengua tan suave y sensual sobre su polla y gozaba cuando le lamía el ano.

Ella colocó su lengua en una dirección y luego en la otra, mientras le estimulaba la zona anal con su dedo.

Él no pudo aguantar más y comenzó a eyacular. Ella bebió todo su semen con mucho placer.

Se tumbó a su lado y cerró los ojos.

Él le acarició suavemente el cuello y sus pechos, mientras le daba pequeños besos en los labios.

Después de eso, se quedaron tendidos juntos, abrazados, disfrutando del calor de sus cuerpos. Y así pasaron la noche, entregados a la pasión de la medianoche.

## Una Noche Inolvidable

La luz de la luna se deslizaba por la habitación, envolviendo la habitación en una luz soñadora. Todo estaba tranquilo, excepto por el leve sonido de nuestras respiraciones entrecortadas. Su mirada me cautivó desde el momento en que nos encontramos y yo estaba desesperado por tocarla y sentir el calor de su piel.

Nos acercamos el uno al otro como si estuviéramos atraídos por un imán invisible, nuestros labios se encontraron en un beso apasionado y desesperado. Nuestras manos se movían con frenesí, acariciando y explorando cada curva de nuestros cuerpos.

Ella me empujó suavemente hacia la cama, deslizando sus manos por mi torso desnudo. Nuestros cuerpos se fundieron en un abrazo apasionado, nuestros labios y lenguas se entrelazaron en una danza erótica. Sus dedos se deslizaron por mi piel, acariciando mi espalda y mis hombros, mientras sus caderas se movían al ritmo de mis movimientos.

Cada beso, cada caricia, cada movimiento nos llevaba un poco más cerca de la locura. El deseo estuvo a punto de hacernos perder el control, pero nos detuvimos justo a tiempo.

Nuestros cuerpos se movían juntos como si fueran uno solo. La energía entre nosotros creció a cada minuto que pasaba, hasta que por fin llegamos al clímax.

Cayó un silencio profundo, mientras descansábamos en los brazos del otro. Me sentí como si hubiera estado en un sueño, como si la noche hubiera pasado volando. Esta fue una noche inolvidable.

## Desconocido

La puerta de la habitación se abrió con un chirrido y una suave brisa entró, trayendo consigo el aroma de la primavera. La habitación estaba a oscuras, pero la luz de la luna que entraba por la ventana, iluminaba el cuerpo desnudo de la mujer que estaba tumbada sobre la cama. Sus ojos estaban cerrados, pero sus labios estaban entreabiertos y su respiración era profunda y tranquila.

De pronto, una figura de un hombre apareció en la habitación. Él no había sido invitado, pero había llegado a satisfacer sus deseos más profundos. Él avanzó lentamente hacia la cama, sus ojos brillando con una pasión irresistible. A medida que se acercaba, su cuerpo se llenaba de deseo y el calor de la lujuria se extendía por toda su piel.

Al llegar a la cama, se detuvo y contempló el cuerpo desnudo de la mujer. Ella no se movió, pero él sabía que ella estaba consciente de su presencia. Él se quitó la ropa lentamente, dejando caer al suelo cada prenda. Una vez desnudo, se acercó a la cama y se tumbó a su lado.

Sus dedos se deslizaron suavemente sobre la piel suave de la mujer. Sus labios se encontraron en un beso apasionado y sus lenguas se entrelazaron. Sus cuerpos se fundieron y el calor de la lujuria creció a medida que sus deseos se intensificaban.

Las manos de la mujer se deslizaron por el cuerpo del hombre, acariciando y explorando cada centímetro de su piel. Sus dedos se deslizaron entre sus muslos y él gimió de placer. Ella sonrió y se acercó a él, sus labios volviendo a encontrarse en un beso apasionado.

Sus cuerpos se fundieron como uno, sus movimientos se unieron en un ritmo perfecto. Sus brazos se envolvieron, sus cuerpos se movían al mismo tiempo, como si estuvieran hechos el uno para el otro.

Los dos se dejaron llevar por la pasión de los momentos, disfrutando de cada segundo de aquella tentadora noche. El hombre sintió como la mujer se apretaba contra él, sus gemidos se intensificaban con cada movimiento.

Finalmente, el clímax llegó y los dos se dejaron llevar por la pasión de la lujuria. Sus cuerpos se fundieron como uno, sus gemidos se mezclaron en una canción de placer.

Cuando los dos se separaron, la mujer se tumbó a su lado y él la abrazó. Sus cuerpos se fundieron en un abrazo y quedaron tumbados juntos, disfrutando del calor de la lujuria.

La luz de la luna seguía entrando por la ventana, bañando de luz la habitación. El aroma de la primavera aún flotaba en el aire y el calor de la pasión aún recorría sus cuerpos.

Los dos estaban contentos por haberse encontrado, por haberse dejado llevar por la pasión y por haber compartido aquella tentadora noche.

## Experiencias Múltiples

Él era un hombre maduro que había estado soltero durante años y, finalmente, decidió darle una oportunidad al amor. Se había enamorado de una joven mujer con la que había contraído matrimonio hacía algunos meses. La pasión entre ellos era intensa, pero decidieron que una noche especial debía ser diferente.

Tomaron la decisión de tener relaciones sexuales con tres mujeres a la vez. Fue una noche inolvidable para los dos.

Él estaba en la cama con su esposa, cuando entraron las tres mujeres. Una de ellas era una joven morena con un cuerpo escultural. La segunda era una rubia con curvas voluptuosas y la tercera, una latina con una piel suave y una mirada cautivadora.

La mujer morena habló primero:

—Hola, soy Sofía. ¿Qué esperas de esta noche? —preguntó.

Él sonrió:

—Esperaba que nos lleváramos bien.

—¿Te gusta lo que ves? —preguntó la mujer rubia.

—Sí —respondió él—. Me gusta.

—Bien —dijo la mujer latina—. Entonces, ¿por dónde empezamos?

Él miró a su esposa. Ella le sonrió y asintió con la cabeza.

Él se sentó en la cama y las tres mujeres se acercaron a él. Se abrazaron y comenzaron a besarse y acariciarse. Él les acariciaba el cabello mientras exploraba sus cuerpos con sus manos.

Las tres mujeres estaban muy excitadas y pronto todos estaban desnudos. Las mujeres se acercaron a él y comenzaron a chuparle el miembro y a besarle todo el cuerpo. Él estaba en el cielo.

Cuando él estaba a punto de alcanzar el clímax, las mujeres se separaron. Sofía le dijo:

—Ahora es el momento de compartir.

Él asintió con la cabeza y se tumbó en la cama. Las tres mujeres se colocaron sobre él y empezaron a besarlo y acariciarlo. Él sentía cada vez más placer.

Las mujeres se movían entre ellas mientras le acariciaban el cuerpo. Él estaba cada vez más excitado.

De pronto, Sofía dijo:

—Ahora es el momento de que todas sintamos placer al mismo tiempo.

Entonces, cada una de las mujeres se colocó en una posición diferente y él comenzó a penetrar a cada una de ellas. Él no podía creer lo que estaba sucediendo.

Las mujeres gemían y gritaban de placer mientras él continuaba su trabajo. Pronto, el orgasmo llegó y él se dejó llevar por la pasión de aquella noche.

Cuando todo acabó, él se tumbó en la cama y las tres mujeres se acurrucaron junto a él. Estaban agotados y satisfechos.

Él se dio cuenta de que aquella noche había sido una experiencia única. Había descubierto el verdadero placer del sexo y estaba más enamorado de su esposa que nunca.

Las tres mujeres se despidieron de él y se marcharon. Él se quedó tendido en la cama, con una gran sonrisa en el rostro. Sabía que aquella había sido una noche para recordar.

## Interminable

Él se acercó a ella con la intención de satisfacer sus deseos más profundos. Ella podía sentir el calor de su cuerpo, mientras sus manos exploraban sus curvas. El aroma de su piel lo envolvía y la deseaba.

Ella sintió que su cuerpo se excitaba a medida que sus labios se encontraban en un apasionado beso. Su lengua explora su boca con la familiaridad de un amante añejo. Sus manos se movían con suavidad, mientras sus dedos recorrían su cuerpo.

Él se acercó a ella, sus cuerpos se unieron con la lujuria de una noche interminable. Se movían juntos en una danza erótica, cada paso los llevaba más cerca de la satisfacción. Los susurros de placer eran alimentados por el calor de la pasión.

Sus cuerpos se fundieron como uno, cada movimiento más profundo que el anterior. Ella se movía a su ritmo, mientras él penetraba profundamente, aumentando la intensidad. Sus gemidos se mezclaban con el sonido de la pasión.

El tiempo parecía detenerse, mientras continuaban su danza. Los movimientos eran cada vez más intensos, mientras el placer los inundaba.

La chica se puso en la cama con la cabeza apoyada en una almohada. Él se acercó a ella y comenzó a besarla suavemente por la espalda. Desde la base de la columna hasta la nuca. Ella suspiraba satisfecha y él empezó a bajar por su cuerpo, besando y lamiendo cada centímetro de su piel.

Ella se retorcía de placer y él se detenía a veces para acariciar sus pechos y su barriga. Entonces, él llegó a la zona más íntima de la mujer. Comenzó a acariciar su clítoris con su lengua y ella cada vez estaba más cachonda. Él pasaba su lengua por toda la zona, como si fuera un mapa a explorar.

Ella le acariciaba la cabeza mientras él seguía lamiendo y chupando con devoción. Ella pronto comenzó a gemir y a suspirar de placer. Él seguía lamiendo cada vez más profundo, y ella estaba cada vez más cerca de correrse.

Finalmente, él la llevó al límite y ella se liberó en un orgasmo feroz. Él estaba tan satisfecho de verla así, que comenzó a besarla de nuevo, mientras ella se recuperaba de la experiencia.

La noche fue interminable, sus cuerpos se unían una y otra vez. La tentación era irresistible, la satisfacción inagotable. El fuego de la pasión nunca se extinguiría.

## Una Noche Inolvidable

El viento soplaba con fuerza contra su rostro, haciendo que su cabello se moviera al ritmo de los latidos de su corazón. Estaba parada frente al espejo, viendo sus ojos brillar de deseo y anticipación. Esta noche sería inolvidable.

Se dio media vuelta y comenzó a deslizarse dentro de la seductora ropa que se había preparado para la ocasión. Primero una camisa ligera de seda blanca, luego una falda negra ajustada que hacía juego con los tacones negros de tacón alto. Finalmente, una chaqueta de terciopelo rojo.

Se sentía como una diosa.

Mientras seguía preparándose para la noche, notó que su cuerpo se estaba excitando. Estaba ansiosa por la llegada de su amante.

Decidió comenzar sola, metió la mano en su coño y comenzó a jugar un rato para hacer tiempo.

Poco después, la puerta se abrió y él entró. Estaba vestido con un traje oscuro, con una camisa blanca. Sus ojos se encontraron y ella sintió como su corazón se aceleraba. Sin decir una palabra, él se acercó a ella y la besó con intensidad.

Mientras sus labios se mezclaban, sus cuerpos comenzaron a moverse juntos. Se deslizaron entre los pliegues de la tela, acariciándose, tocándose y besándose con pasión. Él la levantó en sus brazos y la llevó hasta la cama.

Una vez allí, la desvistió lentamente, besando cada parte de su cuerpo. Sus manos se movían con suavidad, descubriendo su piel. Ella se sentía como si estuviera en el paraíso, y cada vez que él la tocaba, sentía que el deseo se apoderaba de ella.

Pronto comenzaron a explorar su cuerpo con sus bocas, sus lenguas jugueteaban entre sus piernas y sus manos se movían por su clítoris. Ella quería más y él se complació en satisfacer sus deseos.

La llevó al borde del éxtasis y ella se dejó llevar, disfrutando de los placeres que él le ofrecía. Sus movimientos se hicieron cada vez más intensos hasta que llegaron al orgasmo juntos.

Esta noche fue inolvidable. Se habían conocido hace poco tiempo, pero fue como si se hubieran conocido toda la vida. Ella sabía que sus encuentros serían cada vez mejores, y que esta noche sería el comienzo de algo hermoso entre ellos.

## Lluvia de Amor

Él vio su figura a través de la ventana, su cabello negro ondeando al viento como una cascada de seda. Su piel blanca brillaba a la luz de la luna, y sus labios rojos eran como una fruta madura. Se detuvo a mirarla con una mezcla de asombro y deseo. Estaba atrapado en el juego de la lluvia de amor.

Él se acercó a ella con cautela, como si temiera que se despertara de su ensueño. Se detuvo a unos pasos de ella, sin atreverse a tocarla. Ella se dio la vuelta lentamente y lo miró con una sonrisa. Él se sintió como si el tiempo se hubiera detenido.

Ella se acercó a él con suavidad y sus labios se encontraron en un beso apasionado. Él notó la suavidad de sus labios y la humedad de su boca. Sus lenguas se entrelazaron y sus cuerpos se fundieron en un abrazo.

Fueron a la cocina y empezaron a desnudarse lentamente. Sus manos se acariciaron y sus cuerpos se fundieron en uno solo. Él la besaba con pasión mientras exploraba su cuerpo con sus manos. Ella gemía de placer y sus suspiros eran como la música de los ángeles.

Él la penetró lentamente contra la encimera, con cuidado de no hacerle daño. Ella se estremeció de placer, sus gemidos eran como una canción. Él la penetró cada vez con más fuerza, produciendo un placer indescriptible. Sus cuerpos se movían como si fueran uno solo.

Él sintió que el clímax se acercaba, pero ella lo detuvo. Ella lo miró a los ojos y le dijo que quería que se quedara dentro de ella para siempre. Él asintió y se quedaron abrazados hasta que el día siguiente llegó.

Después de aquella noche, él supo que nunca volvería a estar solo.

Habían compartido una experiencia única, y se sintió atrapado en el juego del amor.

## Juguetes eróticos

La vida de Lola era cada vez más aburrida. Desde hacía mucho tiempo no sentía nada de pasión y cada vez se sentía más sola. Sabía que necesitaba algo para satisfacer sus deseos, pero no sabía qué. Un día, mientras estaba navegando por Internet, descubrió una tienda de juguetes eróticos. Sus ojos se abrieron y su corazón empezó a latir con más fuerza. Finalmente, había encontrado algo que le daría la satisfacción que tanto anhelaba.

Rápidamente ordenó un vibrador rosa y unas esposas de piel. Cuando llegaron, abrió el paquete con ansiedad y examinó sus nuevos juguetes. Estaba fascinado con su nuevo descubrimiento.

Lola se desnudó y se acostó en la cama. Acercó el vibrador a su clítoris y empezó a frotarlo lentamente. El placer se apoderó de ella. Sus gemidos eran cada vez más intensos.

—¡Oh, sí! ¡Oh, sí! —Gritó.

De repente, una voz la interrumpió.

—¿Qué estás haciendo? —Preguntó el hombre.

Era su compañero de piso, un atractivo joven llamado Carlos. Lola se sorprendió al verlo allí y trató de esconderse bajo las sábanas.

—¡No te escondas! —Dijo Carlos con un tono seductor. —Estoy aquí para ver cómo te masturbas con tus juguetes.

Lola se quedó sin palabras. Estaba muy avergonzada, pero, al mismo tiempo, empezó a sentirse excitada. Carlos se acercó más y le susurró al oído.

—¿Quieres que te ayude?

Lola asintió con la cabeza y Carlos se acercó a ella. Tomó el vibrador y empezó a masajear suavemente el clítoris. El placer que sentía era indescriptible.

—¡Oh, sí! —Gritó Lola.

Carlos entonces tomó las esposas de piel y ató los tobillos y muñecas de Lola a la cama. Estaba completamente indefensa y a su merced. Carlos levantó su falda y empezó a besar y lamer suavemente su cuerpo.

Lola gemía de placer mientras Carlos la acariciaba. Él se acercó a su clítoris y empezó a chupar y lamer con entusiasmo. Los movimientos eran cada vez más intensos y pronto Lola llegó al orgasmo.

Cuando terminaron, Lola se quedó tendida en la cama.

—¿Te gustó? —Preguntó Carlos.

Lola asintió con la cabeza.

—Sí, fue increíble —Respondió.

Desde ese día, Lola descubrió la pasión de la masturbación con juguetes eróticos. Cada vez que Carlos venía, experimentaba el mejor orgasmo de su vida.

## Los Lavabos de los Bares

Ella estaba de pie frente al espejo del lavabo de un bar, con sus manos apoyadas en el borde de la encimera. Él se acercó por detrás y rodeó su cintura con su brazo derecho, apretándola suavemente. Estaba tan cerca que ella podía sentir el calor de su cuerpo. Él bajó la cabeza y le susurró al oído:

—Me gusta verte tan sexy.

Ella se sonrojó profundamente a pesar de que estaban solos en el lavabo. Él acarició su mejilla con su mano derecha y ella cerró los ojos para disfrutar el momento. Él le besó la oreja y luego la boca con ternura mientras seguía sujetándola con fuerza.

Ella abrió los ojos y lo miró fijamente. Él estaba allí, tan cerca, con sus labios a punto de volver a besarla. Ella se inclinó hacia adelante y lo besó con ansia. Sus lenguas se enredaron con pasión mientras sus manos se movían arriba y abajo por sus espaldas.

Se quitaron la ropa con rapidez y ella se sentó en el borde de la encimera. Él se puso entre sus piernas y empezó a besarla por todo el cuerpo. Se sentía tan bien que ella no podía evitar gemir de placer. Él seguía lamiendo, besando y acariciando cada parte de su piel.

Él deslizó sus dedos por su espalda y luego por sus muslos, llevándolos cada vez más arriba. Ella gimió con fuerza cuando sus dedos la tocaron en el lugar correcto. Él le puso su pene en su boca y ella lo succionó con deseo, saboreándolo mientras lo acariciaba con su lengua.

Él empujó su cadera hacia adelante y ella gritó de placer cuando él se metió dentro de ella. Él empezó a moverse con fuerza, llevándola al límite. Ella se abrazó fuertemente a él, disfrutando de la sensación de sentirse tan cerca.

Los dos se movían y ella se aferró a su cuello mientras él seguía empujando. Ella se sentía tan excitada que no podía contener sus gemidos. Él seguía bombeando mientras ella lo abrazaba con sus piernas, aumentando la intensidad de cada movimiento.

Finalmente, él alcanzó el orgasmo y ella sintió su semen caliente dentro de ella. Estaban jadeantes y él se desplomó sobre ella. Se quedaron así un momento, abrazados, disfrutando del calor de sus cuerpos.

Se quedaron un rato abrazados y luego se vistieron de nuevo. Salieron del lavabo y ella le sonrió. Él le devolvió la sonrisa con un guiño, como si compartieran un secreto.

Desde ese día, cada vez que iban de bar, acababan en la misma situación. Ella ya se había acostumbrado a tener relaciones sexuales en los lavabos de los bares y disfrutaba de la adrenalina de saber que podían ser descubiertos en cualquier momento.

Ella se emblandecía cada vez que él la tocaba, sabiendo que en cualquier momento alguien podría entrar. Ella sabía que él disfrutaba de la excitación y la aventura del momento y por eso seguían haciéndolo una y otra vez.

Cada noche era una aventura nueva y su deseo por el otro no dejaba de crecer. Seguían teniendo relaciones sexuales en los lavabos de los bares, sintiéndose más unidos que nunca. Ella estaba segura de que esta aventura nunca terminaría.

## La Delicia de Lamer

Sonia era una mujer hermosa, con una piel dorada y un cuerpo esbelto. Desde pequeña, había tenido una fascinación por el sexo, y eso se había intensificado en la adolescencia. Siempre había sentido una gran atracción por los hombres y sus cuerpos, y una de sus mayores fantasías era lamer pollas.

A Sonia le gustaba mirar a los hombres y desearía que estuviera en la misma habitación para sentir el sabor de sus pollas. La idea la excitaba a tal punto que podía sentir sus bragas humedeciéndose sólo con pensar en ello.

Un día, Sonia recibió la oportunidad de vivir su fantasía. Estaba en casa de un amigo cuando él le propuso que jugarán a un juego de roles. Él sería el protagonista y ella la actriz. Él le explicó que debía lamer su polla como si fuera un dulce.

Sonia no pudo resistirse a la tentación y aceptó encantada. Se acercó a él y comenzó a lamer su polla. Su lengua recorrió cada centímetro de su eje, saboreando el sabor salado y áspero de su piel. Mientras tanto, sus dedos acariciaban sus bolas duros y suaves, lo que aumentaba su excitación.

Mientras Sonia seguía con su tarea, su boca se llenó de saliva. Ella saboreaba cada milímetro de su miembro, saboreando toda su longitud. Su lengua exploraba todas las curvas, y su boca se deleitaba con la sensación de placer que recorría su cuerpo.

Cuando Sonia notó que su amigo estaba a punto de llegar al orgasmo, se detuvo y lo miró a los ojos. Ella sabía que no podía resistirse más, y eso la excitó.

—¡Sonia! ¡Vamos! ¡Sigue lamiendo! —Exclamó él.

Sonia volvió a la acción. Esta vez, ella se aseguró de lamer cada centímetro de su polla, con movimientos circulares y profundos. Su lengua recorría todas las curvas, y su boca disfrutaba el sabor de su miembro.

Finalmente, su amigo llegó al orgasmo. El placer que experimentó fue indescriptible, y fue como si el tiempo se hubiera detenido. Una vez que finalizaron, ambos se miraron a los ojos, con una sonrisa de satisfacción.

Sonia había logrado su objetivo: había cumplido con su fantasía de lamer pollas. Había descubierto un placer que no conocía, y estaba dispuesta a explorarlo más a fondo. Esta experiencia había sido tan intensa que estaba segura de que repetiría.

De ese día en adelante, Sonia se entregó a disfrutar del placer de lamer pollas. Había descubierto una nueva forma de satisfacción, y no quería privarse de ella. Se entregó a la aventura y se sorprendió con lo satisfactorio que resultaba.

Con cada polla que lamió, Sonia descubrió nuevas sensaciones que eran cada vez más placenteras. Se deleitó con el sabor de cada miembro que saboreó, y descubrió que el placer era indescriptible. Se había convertido en una auténtica experta en lamer pollas.

Ahora, Sonia sabe que lamer pollas es una de sus mayores delirios. Nunca se cansa de experimentar nuevas sensaciones, y siempre está dispuesta a aumentar su placer.

## Un placer en el ascensor

Alicia y Roberto eran una pareja feliz y enamorada. Desde el principio de su relación, habían descubierto que ambos disfrutaban de la pasión y el erotismo en los más pequeños detalles.

Un día, mientras estaban de compras, Roberto le susurró algo al oído a Alicia, y su rostro se iluminó. Él le había propuesto un juego: tener relaciones sexuales en un ascensor.

Alicia estaba más que emocionada ante la idea. Había oído hablar de la adrenalina que generaba el sexo en un ascensor, y sabía que le encantaría experimentarlo. Así que, aceptó.

Cuando llegaron al centro comercial, comenzaron a buscar un ascensor que estuviera desocupado. Finalmente, encontraron uno que estaba completamente vacío.

Roberto cerró la puerta y presionó el botón para subir. Estaban solos.

Alicia se acercó a él y comenzó a besarlo apasionadamente. Le desabrochó la camisa lentamente, mientras él le acariciaba el cuello y la espalda. Sus besos se volvieron más intensos, y sus manos se deslizaron por debajo de la camisa de Roberto.

Los dos estaban cada vez más ansiosos por tener relaciones sexuales. Roberto bajó los pantalones de Alicia, y ella le quitó los pantalones. Los dos estaban desnudos ahora.

Roberto levantó a Alicia contra la pared del ascensor y comenzó a besarla con fuerza. Ella le abrazó con sus piernas mientras él la penetraba. Los dos comenzaron a moverse al ritmo de una danza erótica.

Roberto salió de su cuerpo y bajó su cara por su cuerpo hasta introducirle la lengua en su vagina. La forma en que la besaba era increíble. Cada vez que él la tocaba ella se notaba más mojada.

Entre jadeos y gemidos, Alicia se corrió varias veces mientras él la penetraba de nuevo. Él también alcanzó el clímax, y los dos se desplomaron en el suelo, agotados pero satisfechos.

Cuando el ascensor llegó a su destino, los dos salieron sonriendo. Se habían dado un placer inolvidable el uno al otro.

A partir de ese día, el ascensor se convirtió en el lugar favorito de Alicia y Roberto para tener relaciones sexuales. Siempre que estaban solos, aprovechaban los momentos para disfrutar del sexo. Sus encuentros eran cada vez más intensos y satisfactorios.

Alicia y Roberto habían encontrado una forma única de disfrutar el sexo, y estaban más enamorados que nunca.

## Las Ansias

La noche había sido larga para María. Sus pensamientos no cesaban, cada vez más intensos, cada vez más íntimos. Sus dedos se deslizaban por su cuerpo, cada vez más rápido, cada vez más cálidos. Sus jadeos eran cada vez más profundos, sus suspiros, cada vez más intensos.

María era una mujer soltera de veintinueve años que vivía sola en un pequeño apartamento en el centro de la ciudad. Ella trabajaba como contadora en una empresa local, pero esa noche no estaba trabajando. Estaba sola en su habitación, con la luz apagada y el ruido del tráfico afuera.

Las ansias de la pasión estaban empezando a tomar el control de ella. Ella sabía que no tenía nadie con quien compartir sus deseos, así que decidió darse el placer a sí misma.

Se levantó de la cama y caminó hacia su armario. Abrió la puerta y sacó una caja. En la caja había una variedad de juguetes eróticos, todos muy lujosos. Estaba el vibrador, la almohadilla de masaje, el consolador, y la variedad de aceites aromáticos.

Ella se sentó en la cama y abrió la caja. Sus ojos se iluminaron al ver los juguetes eróticos. Se sentía emocionada y ansiosa por probarlos.

Ella empezó a tocarse suavemente con el vibrador. Sus dedos recorrieron el cuerpo, recorriendo cada curva de su piel. La vibración la hacía sentirse viva. La sensación era increíble.

Luego, ella tomó la almohadilla de masaje y la colocó sobre su espalda. Sus dedos se movían lentamente, enviando ondas de placer a través de su cuerpo. Ella podía sentir como sus músculos se relajaban bajo el masaje.

Luego, ella tomó el consolador y empezó a masturbarse. Ella movía el consolador dentro y fuera de su cuerpo, cada movimiento enviando olas de placer a través de ella. Sus gemidos se hacían cada vez más fuertes.

Ella estaba a punto de alcanzar el clímax cuando de repente escuchó una voz detrás de ella.

—¿Qué estás haciendo? —preguntó la voz.

María saltó de la cama con un grito. Se volteó y vio a su vecino, un hombre de unos treinta años, mirándola con una sonrisa picarona. Recordó entonces haberse dejado la puerta de la casa abierta.

—¡No! ¡No! ¡No puedes estar aquí! —exclamó María, cubriendo su cuerpo con sus brazos.

—No te preocupes, no voy a hacerte nada. Simplemente quiero decirte que me gusta lo que estás haciendo.

María se sentía avergonzada, pero también excitada. Ella no sabía qué decir o qué hacer.

—¿Puedo unirme? —dijo el hombre con una sonrisa.

María le dijo que sí. El hombre se acercó a ella y comenzó a besarla suavemente. Sus besos eran cálidos y profundos, y su lengua exploraba cada rincón de su boca.

Mientras tanto, los dedos del hombre recorrieron sus curvas. Ella empezó a moverse acompasada con los movimientos de él. Sus gemidos eran cada vez más intensos.

Entonces el hombre se separó de ella y se colocó detrás de ella. Él deslizó la almohadilla de masaje por todos los contornos de su cuerpo, estimulando sus puntos erógenos. Sus dedos se deslizaban como una suave brisa, provocando que ella gimiera cada vez más fuerte.

Luego, el hombre tomó el consolador y lo empezó a deslizar dentro y fuera de su cuerpo. Ella se movía acompasada con él, cada movimiento provocando que gimiera cada vez más fuerte.

Mientras tanto, el hombre la besaba por todos lados, explorando cada rincón de su cuerpo con sus labios y lengua. Sus gemidos se hacían cada vez más profundos.

Finalmente, ella se corrió. Su cuerpo se destensó. Sus gemidos se convirtieron en un cálido susurro.

## La Obsesión

Aún recuerdo la primera vez que me di cuenta de que me había vuelto ninfómana. Había sido una noche de insomnio después de una larga jornada de trabajo. Estaba acostada en mi cama, tratando de conciliar el sueño, cuando de pronto empecé a sentir una intensa sensación de calor en mi cuerpo. En ese momento, me di cuenta de que estaba experimentando el deseo sexual por primera vez.

A partir de ese momento, mi obsesión por el placer se volvió cada vez más intenso. Empecé a pensar en el sexo a todas horas, y mi cuerpo me pedía satisfacer mis necesidades. Por eso, decidí comenzar a explorar mi sexualidad de forma más consciente.

Empecé a visitar lugares donde sabía que podría encontrar el placer. Me perdí en los bares de striptease, en los clubes nocturnos y en los bares de swing. Por primera vez, me sentía libre de experimentar el placer a mi antojo. Pronto, mi deseo sexual se convirtió en una verdadera obsesión.

Encontré una pareja con la que pude tener relaciones sexuales de forma libre y sin límites. Con ella, me sentí libre de explorar mis fantasías sexuales sin preocuparme por lo que los demás pensarían. Estaba tan absorta en el placer que a veces no podía parar.

A medida que pasaba el tiempo, mi obsesión por el placer se volvía cada vez más intensa. Me sentía incapaz de resistirme a los placeres de la carne. Me sentía como una adicta al sexo, y no había nada que pudiera detenerme.

Cada día, me sentía más sedienta de placer. No me conformaba con una sola experiencia sexual. Tenía que tener más y más. Cada vez que me encontraba con mi pareja, teníamos relaciones cada vez más intensas. Era como si el placer se hubiera convertido en mi única motivación.

Mis amigos me decían que estaba perdiendo el control, pero yo no estaba dispuesta a escucharlos. Estaba obsesionada con el placer y no había nada que pudiera detenerme. Me sentía como si mi cuerpo estuviera totalmente posesionado.

Las noches me las pasaba masturbándome con cualquier objeto placentero. El día, me perdía en mis fantasías sexuales. Estaba dispuesta a probar y experimentar cualquier cosa que me ofreciera el placer.

Finalmente, mi obsesión por el placer me llevó a un punto en el que no podía contenerme. Me había convertido en una verdadera ninfómana, y no había vuelta atrás. Aunque a veces me sentía un poco avergonzada por mi comportamiento, no podía evitar rendirme ante el placer. Estaba decidida a seguir satisfaciendo mis deseos sin límites.

## Inextingible

Ella era una mujer misteriosa. Siempre estaba ahí, en la parte trasera de la mente, una voz susurrante que la llamaba, invitándola a explorar nuevos niveles de placer. Una voz que le decía que la obsesión la llevaría a nuevas alturas de satisfacción. Ella nunca había experimentado nada como esto antes.

Ella había descubierto la obsesión por el ano hacía unos meses, como resultado de una casualidad. Una vez, mientras exploraba con su pareja, descubrió que le encantaba la sensación de lengua en la zona alrededor de su agujero anal. Esto la llevó a un nuevo y profundo nivel de placer. Desde entonces, se ha vuelto más y más obsesionada con la sensación de lengua en esta área.

Cada vez que estaba en la cama con su pareja, ella siempre se aseguraba de explorar esta zona. Estaba tan obsesionada con el placer que le daba, que pronto comenzó a buscar nuevas formas de experimentarlo. Empezó a buscar vídeos sobre chupar el ano y encontró muchos, llenos de consejos y trucos sobre cómo maximizar la experiencia para ambos. La idea de ser el único responsable de proporcionar tanto placer a su pareja era emocionante para ella, y le daba una sensación incontrolable de poder.

Una vez que tomó el control de su obsesión por el ano, ella se sintió aún más atraída hacia él. Comenzó a pasar más tiempo y esfuerzo en la zona, con una intensidad que nunca antes había experimentado. Se sentía como si su lengua fuera una extensión de su propio cuerpo, y su habilidad para provocar el placer de su pareja estaba más allá de sus expectativas. Estaba obsesionada con el placer que le daba chupar el ano, y cada vez que lo hacía sentía una profunda satisfacción.

Su obsesión no conocía límites, y pronto encontró nuevas formas de experimentar el placer. Ella se dio cuenta de que el ano era una zona con muchas terminaciones nerviosas, y que el placer que se sentía al chuparlo era mucho más intenso. Comenzó a probar diferentes técnicas para maximizar el placer, como usar la punta de la lengua o incluso los labios para estimular la zona. Esta nueva forma de experimentar el placer la llevó a otro nivel, y pronto estaba buscando nuevas formas de llevar el placer aún más lejos.

Ella comenzó a experimentar con diferentes juguetes sexuales para ampliar su experiencia, como dildos y juguetes anales. Esto le permitió explorar aún más el potencial del ano, y pronto descubrió que incluso los más pequeños cambios en la presión y la velocidad de su lengua podían provocar niveles de placer increíbles. Se sentía como una experta cuando se trataba de chupar el ano, y los niveles de placer que experimentaba eran cada vez mayores.

Su obsesión se había convertido en algo incontrolable. Cada vez que estaba con su pareja, ella siempre se aseguraba de explorar esta zona. Estaba tan obsesionada con el placer que le daba, que pronto comenzó a buscar nuevas formas de experimentarlo. Eso la llevó a descubrir cosas como el uso de aceites y lubricantes para maximizar el placer, así como la forma de jugar con su pareja para ampliar la experiencia.

Su obsesión fue tal que la única forma de poder correrse era que su pareja le chupara el ano y le introdujera la lengua. Su cuerpo perdía el control cada vez que su lengua tocaba su ano, y la sensación de éxtasis era indescriptible. Descubrió que era una experiencia única para ambos.

La obsesión de ella por el ano nunca conoció límites, y pronto descubrió que el placer que le daba chupar el ano era tan intenso que no podía resistirse.

## La Pasión Nocturna

Era una noche como cualquier otra para la pareja. Él, Jack, había llegado a casa del trabajo tarde y había ido directamente a la cama. Sarah se fue a la cocina para prepararle la cena y luego se fue a acostar para ver una película. Pero esta noche, Sarah tenía otros planes. Se deslizó furtivamente fuera de la cama, se quitó la ropa lentamente y se dirigió al lado de la cama.

Cuando llegó junto a él, vio su respiración profunda y regular, indicando que estaba profundamente dormido. Sarah se sentó junto a él y colocó una mano sobre su pecho para sentir su latido. Estaba tan excitada que casi podía sentir su propio corazón latiendo. Lentamente, con movimientos suaves y delicados, comenzó a deslizar su mano por su abdomen hasta llegar a su entrepierna.

Jack se movió ligeramente, pero no se despertó. Sarah sonrió para sí misma. Ella sabía que él la deseaba, y esta noche iba a satisfacer ese deseo. Con suavidad, comenzó a acariciar la tela de los pantalones de Jack. Ella pudo sentir la erección de él a través del tejido, lo que la excitó aún más.

Sin pensarlo dos veces, Sarah se deslizó hasta quedar entre las piernas de su marido. Lentamente, con sus labios comenzó a explorar cada centímetro de su miembro. Jack gimió en sueños, pero Sarah sabía que estaba disfrutando de la experiencia. Poco a poco, fue lamiendo, mordisqueando y succionando su miembro hasta que sintió que él estaba a punto de liberar su deseo.

Sarah disfrutaba de cada momento de la felación, de sentir el placer de Jack. A ella le encantaba poder darle esta satisfacción. Su lengua se movía con destreza, explorando y jugando con sus sentidos. Sarah se detuvo un momento para mirar a su marido y vio que su rostro estaba relajado y sus ojos cerrados.

—Oh, Sarah… esto es tan bueno… —Dijo Jack.

Sarah sonrió al escuchar su voz, pero no se detuvo. Ella continuó su trabajo, lamiendo y mordisqueando su miembro con más intensidad, hasta que Jack lanzó un gemido prolongado y se corrió en su boca.

Sarah no se detuvo, continuó lamiendo su miembro hasta que sintió que él había terminado. Satisfecha, se tragó todo aquel líquido espeso, se separó y se recostó junto a él.

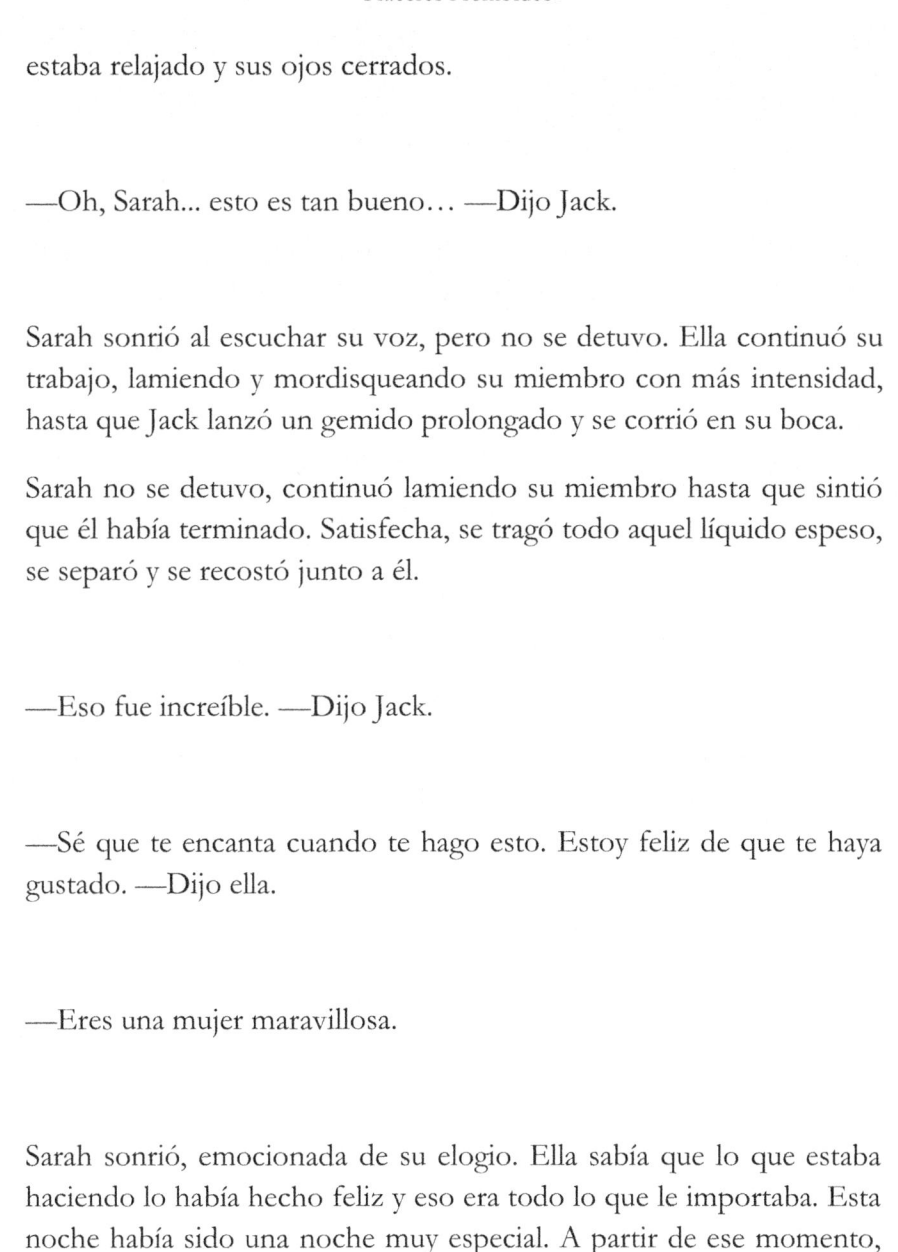

—Eso fue increíble. —Dijo Jack.

—Sé que te encanta cuando te hago esto. Estoy feliz de que te haya gustado. —Dijo ella.

—Eres una mujer maravillosa.

Sarah sonrió, emocionada de su elogio. Ella sabía que lo que estaba haciendo lo había hecho feliz y eso era todo lo que le importaba. Esta noche había sido una noche muy especial. A partir de ese momento, todas las noches se convirtieron en noches de pasión para ella y Jack.

## La Niñera Cachonda

Estaba tan nervioso, nunca antes había conocido a una niñera tan atractiva. Habíamos estado hablando por teléfono durante semanas, pero ahora estaba a punto de conocerla en persona. Sabía que ella era cinco años mayor que yo, pero algo en su voz me había atraído desde el principio.

Había pasado la tarde preparándome, asegurándome de que todo estuviera perfecto para su llegada. Y por fin, allí estaba, en la puerta. Me sorprendió lo guapa que era. Llevaba una camiseta blanca holgada con un suéter verde y jeans ajustados. Tenía una hermosa cabellera larga y rizada que le llegaba por debajo de los hombros. Sus ojos eran como dos pozos de aguas profundas, de un color marrón oscuro.

La invité a pasar y la llevé a la sala de estar. Empezamos a hablar de mi hijo, de sus gustos y de sus necesidades. Mientras hablábamos, ella se acercó cada vez más a mí, hasta que nos encontramos a unos pocos centímetros uno del otro. Me sentí paralizado por su belleza, incapaz de decir algo coherente.

Ella se rio y me dijo que estaba bien, que estaba acostumbrada a que los padres estuvieran nerviosos. Entonces, de repente, me cogió la mano y me dijo que necesitaba que yo la abrazara. No podía creer lo que estaba pasando, pero no pude resistirme. La abracé y ella empezó a besarme suavemente en el cuello mientras me acariciaba con la otra mano.

Nunca había sentido algo tan intenso antes. Yo también la besé en el cuello, y ella me devolvió los besos con tanta pasión. Nuestros cuerpos estaban pegados y yo podía sentir la presión de sus pechos contra mi pecho. Me sentía como si estuviera en un sueño, como si nada más importara en ese momento.

Nos separamos por un momento para quitarnos la ropa. Ella se desnudó lentamente, mostrando su cuerpo perfecto. Estaba tan excitado que no podía contenerme. La tomé entre mis brazos y la llevé al sofá. La besé con pasión mientras ella me recorría todo el cuerpo con sus suaves manos.

Después de unos minutos de besos y caricias nos tumbamos uno al lado del otro. La miré a los ojos y ella me devolvió una mirada cargada de deseo. Empecé a besarla con fuerza mientras ella me acariciaba el pecho y el vientre. Ella me pidió que le hiciera el amor y yo no podía negarme.

La penetré suavemente, pero cada vez con más fuerza. Nuestros cuerpos se movían al ritmo de una música que solo nosotros podíamos oír. Era como un baile en el que yo tenía el control y ella me seguía. Los gemidos de ella eran música para mis oídos.

Nos abrazamos con fuerza mientras nos estábamos amando, como si nuestros cuerpos no pudieran estar más cerca. Sentí una explosión de placer cuando alcanzamos el orgasmo y así terminó esa entrevista.

## El Sexshop

Ella entró al sexshop con una mezcla de curiosidad y un poco de vergüenza. Sus ojos miraban a su alrededor, fijándose en los múltiples productos que había en las estanterías y en las paredes. El lugar estaba lleno de juguetes sexuales, lubricantes, algunos trajes y una variedad de artículos relacionados con el sexo.

No había nadie en el lugar, excepto ella. Se sentía un poco incómoda al principio, pero, con el paso del tiempo, se fue sintiendo cada vez más relajada. Se acercó a una estantería y empezó a examinar los artículos. Miraba con mucha curiosidad los diferentes juguetes, lubricantes y otros productos.

Ella sabía que quería algo, pero no sabía exactamente qué. Estaba intrigada por todos los diferentes productos y no sabía cuál elegir. Estaba decidida a encontrar algo que la excitara.

Mientras seguía explorando, se encontró con una estantería que contenía una variedad de consoladores. Estos se veían muy interesantes, así que decidió probar uno. Se acercó a la estantería y cogió uno. Lo sostuvo en sus manos y lo examinó con curiosidad.

Mientras lo examinaba, sintió una sensación cálida que se extendió por todo su cuerpo. Era como si una fuerza misteriosa la estuviera llevando a algún lugar desconocido. Se dio cuenta de que estaba empezando a sentirse cada vez más excitada.

Al mismo tiempo, también se sintió un poco intimidada. Se preguntó si debería seguir adelante con su elección. Miró alrededor para asegurarse de que nadie la viera y luego decidió seguir adelante.

Agarró el consolador con fuerza y lo llevó a la caja para pagar. Mientras pagaba, se dio cuenta de que su corazón estaba latiendo más rápido. Estaba empezando a sentirse cada vez más emocionada.

Una vez salió del sexshop, se fue directamente a su casa. Estaba deseosa de probar su nuevo juguete. Cuando llegó a su casa, se desnudó y se acostó en su cama. Miró el consolador con mucha curiosidad y decidió probarlo.

Lo acercó a su cuerpo y empezó a explorar con el consolador. Sus manos temblaban de emoción mientras lo hacía. No tardó en sentir una excitación insoportable que se extendía por todo su cuerpo.

Estaba disfrutando tanto la experiencia que no se dio cuenta de que había pasado mucho tiempo. Pronto ya era de noche y ella todavía estaba excitada. Estaba entregada a la experiencia, así que decidió seguir adelante.

Continuó con su juego erótico. Se movía con lentitud, mientras sus manos recorrían su cuerpo. Era como si estuviera en otro mundo.

Cada vez estaba más excitada y sus movimientos se volvieron más y más rápidos. Pronto se encontró en un estado de éxtasis, donde no había nada más que placer. Ya no había nada en el mundo que importara, sólo ella y su consolador.

Después de varias horas de placer, llegó el momento de la culminación. Un orgasmo intenso recorrió su cuerpo y la dejó exhausta. Se quedó un rato acostada, disfrutando del momento.

Cuando despertó, se dio de que había encontrado algo que la había excitado y la había llevado a nuevas alturas de placer.

## Fiesta de Pijamas

Alicia y Laura eran mejores amigas desde hace mucho tiempo. Siempre habían hablado de organizar una fiesta de pijamas para celebrar su amistad y finalmente decidieron hacerlo. Alicia era una hermosa mujer de cabello rubio y ojos azules, con un cuerpo esbelto y curvilíneo. Laura era un poco más baja, con una piel de tono bronce, cabello castaño y unos ojos de un verde profundo.

Ambas habían invitado a sus amigos para una noche de diversión y juegos. Cuando llegaron, llevaban todo tipo de pijamas, desde pijamas súper lindos hasta algunos con estampados divertidos. Se sentaron en el sofá con sus bebidas y se prepararon para una noche de risas y diversión.

Mientras estaban hablando, Alicia y Laura notaron que los demás amigos estaban comenzando a tomarse más en serio el tema de la fiesta. Los demás estaban besándose y acariciándose entre ellos, y ellas se miraron y se sonrieron. Estaban empezando a sentirse atraídas, y todos los demás parecían haberlo notado.

Alicia se acercó a Laura y le susurró al oído: ¿Quieres que nos vayamos a un lugar más privado? Laura asintió, así que se levantaron y se dirigieron a su habitación.

Una vez en la habitación, Alicia y Laura empezaron a besarse y desabrocharse la ropa. Se besaban con pasión, con sus lenguas entrelazadas mientras sus manos exploraban sus cuerpos. Se desnudaron, y Alicia pasó sus manos sobre el cuerpo de Laura, mientras Laura exploraba el cuerpo de Alicia con sus labios.

Se tumbaron en la cama y comenzaron a besarse y acariciarse con más pasión. Se movían juntas, sus cuerpos iniciando un baile erótico. Sus gemidos se mezclaban mientras se besaban y sus cuerpos se movían con rapidez.

Alicia llevó a Laura a un nivel de excitación sin precedentes. Se movía con rapidez mientras su lengua recorría el cuerpo de Laura. Exploraba su cuerpo con sus manos y sus labios, descubriendo todos sus secretos eróticos.

Laura se movía con movimientos sensuales, sus caderas meciéndose contra el cuerpo de Alicia. Sus gemidos llenaban la habitación.

Finalmente, sentían que el clímax se acercaba. Alicia y Laura se abrazaron con fuerza, sus cuerpos temblando al unísono mientras el orgasmo se apoderaba de ellas. Ellas se desplomaron en la cama, agotadas pero felices.

Alicia y Laura se abrazaron y se quedaron dormidas con el sonido de sus risas y susurros. Ellas habían compartido una noche única y erótica, una noche que recordarían durante mucho tiempo. Una noche que les mostró el verdadero significado de la amistad.

## La Ventana

Ella estaba sentada frente a la ventana de su habitación, mirando a su vecino que estaba trabajando en su jardín. Era un hombre atractivo, con un cuerpo fuerte y musculoso, que se movía con gracia mientras trabajaba. Se podía ver sudor en su espalda, y le encantaba observar cómo brillaba bajo la luz del sol.

Había estado observándolo desde hacía algún tiempo, y aunque había intentado resistirse, no pudo evitar sentirse atraída por él. Fue entonces cuando decidió dar rienda suelta a sus deseos.

Tomó su mano y empezó a deslizarla lentamente sobre su cuerpo, sintiendo el calor de su piel bajo sus dedos. Sus ojos se cerraron mientras imaginaba cómo sería besar su cuello y sus labios. Su respiración se aceleró, y sus manos se movieron con más rapidez sobre su cuerpo.

Sus dedos acariciaron los contornos de su cuerpo, sintiendo sus músculos y suavemente sus pezones se endurecieron. Su cuerpo comenzó a temblar con el placer que sentía, y sus labios se abrieron para permitirle gemir.

Su mano se deslizó hacia abajo, sintiendo cada centímetro de su cuerpo hasta llegar a su entrepierna. Se deslizaron sus dedos entre sus piernas, sintiendo su calor y su humedad. Empezó a acariciar y masajear suavemente su clítoris, sintiendo cada vez más su excitación crecer.

Mientras sus dedos iban más allá, sus ojos nunca se apartaron de su vecino. Sus manos bajaron hasta su coño, donde introdujo un dedo. Se sentía tan bien que no se podía resistir al placer que sentía.

Su cuerpo disfrutaba con el orgasmo que estaba experimentando, y sus gemidos se mezclaron con el sonido del jardín. Se desplomó sobre la cama, exhausta pero satisfecha, sintiendo una paz interior después de haberse entregado al placer.

A partir de ese día, cada vez que ella estaba sentada frente a la ventana, su mente volvía a ese momento de placer. Estaba segura de que su vecino había notado algo, y sabía que esa mirada entre los dos haría que ocurriera algo excitante entre ellos.

## Felación

Todas las mañanas, Siobhan se despertaba con ganas de hacer algo diferente. Esta vez, quería despertar a su marido con una felación. No había hecho algo así desde que se casaron, pero estaba decidida a hacerlo.

Tomó una profunda respiración, tratando de calmar sus nervios, antes de salir de la cama y acercarse a la cama de su marido. Él estaba durmiendo profundamente, así que Siobhan se acercó lentamente, tratando de no despertarlo. Cuando estuvo lo suficientemente cerca, empezó a besar suavemente su abdomen y a trabajar su camino hacia abajo.

Su marido empezó a moverse, aunque todavía estaba profundamente dormido. Siobhan se detuvo por un momento, esperando a que se tranquilizara, antes de empezar a acariciar suavemente su pene. Se sorprendió al ver que ya estaba empezando a ponerse erecto.

Sin pensarlo dos veces, Siobhan se inclinó y empezó a chupar suavemente la punta de su polla. Su marido se despertó con un jadeo y, aunque estaba un poco confundido, no hizo ningún movimiento para detenerla. Siobhan continuó chupando con más fuerza, usando sus manos para acariciar sus bolas, mientras se movía con un ritmo constante.

Su marido inició un leve movimiento de caderas, al que Siobhan respondió con más fuerza. Al sentir que su marido estaba cerca del clímax, ella aumentó la presión de su boca, empujando su lengua contra su glande. Esto hizo que su marido se corriera con un grito, empujando su cuerpo contra el de ella.

Cuando él se relajó, Siobhan se levantó para besarlo. Él le devolvió el beso con tanta pasión, que ella pensó que se fundirían el uno con el otro.

Desde entonces, a Siobhan le encantaba despertar a su marido con una felación.

## La Penetración Perfecta

John estaba sentado en el sofá de su sala, mirando a su mujer desnuda, que se encontraba a cuatro patas sobre su cama. El calor que sentía a medida que la miraba era innegable; se sentía completamente atraído por ella, como si la fuera a devorar. Su piel era suave y sus curvas eran perfectas, como siempre.

John se acercó y comenzó a acariciar su espalda, acariciando suavemente su piel con los dedos. La sensación de sus manos sobre él le envió una oleada de placer por el cuerpo. La mujer era consciente de sus caricias y dejó escapar un pequeño gemido de satisfacción. John disfrutaba de la sensación de sus manos sobre su piel y le gustaba el efecto que tenían sobre ella.

John comenzó a besar y lamer suavemente la parte posterior de su cuello, haciéndola llegar a la locura con cada beso. Mientras tanto, su mano izquierda se deslizó hacia abajo, acariciando suavemente su culo. La mujer notó el placer al sentir los dedos de John recorrer su culo y fue entonces cuando John supo que estaba lista para lo que él tenía en mente.

John lentamente comenzó a introducir uno de sus dedos en la entrada trasera de la mujer. Ella gimió de placer mientras él seguía adelante, introduciendo un segundo dedo. John inició entonces un movimiento de vaivén con sus dedos, sintiendo cada vez más el calor y la humedad que se estaban acumulando en el interior de su mujer.

John continuó acariciando suavemente el interior de su mujer mientras con su boca seguía besando y lamiendo su cuello. La mujer gimió de placer mientras él seguía profundizando con sus dedos. John entonces comenzó a introducir su pene en el interior de su mujer.

La mujer gimió de placer mientras sentía cada centímetro de su pene entrando en su interior. John comenzó a moverse lentamente dentro y fuera de ella, aumentando el ritmo poco a poco. Ella disfrutaba con el placer que le generaba cada movimiento de sus caderas, gimiendo cada vez más fuerte.

John estaba disfrutando de esta penetración perfecta con su mujer. Se sentía como si estuviera en el paraíso con su amor ardiente. La mujer gemía y gritaba de placer mientras él seguía profundizando y moviéndose dentro y fuera de ella.

John continuó hasta que ambos alcanzaron el clímax simultáneamente. Ambos gimieron de placer mientras llegaban al orgasmo, sintiendo el placer recorriendo sus cuerpos de arriba a abajo.

John se derrumbó sobre ella, abrazándola fuertemente mientras el calor de su amor ardiente seguía con ellos. Se quedaron así durante un rato, disfrutando de la sensación de satisfacción que llega después de una penetración perfecta.

Esta penetración perfecta había sido una experiencia increíble para los dos.

## La Pasión de una Mujer

Ella era una mujer de belleza impresionante, con unos ojos de color marrón oscuro y un cabello castaño que caía por sus hombros como una cascada. Su piel era suave y tersa, y era conocida por su encanto y su sutil sensualidad.

A la edad de veinte años, ella estaba experimentando con su sexualidad. No tenía ninguna relación formal, pero había tenido muchas experiencias con varios hombres. Se había dado cuenta de que le gustaba tener relaciones sexuales con diferentes personas, aunque nunca había hablado sobre ello con nadie, ni siquiera con sus amigos más cercanos.

Un día, mientras caminaba por la calle, vio a un hombre guapo con una sonrisa encantadora. Se acercó a él y comenzaron a hablar.

—Hola —dijo ella—. ¿Cómo te llamas?

—Mi nombre es Sergio —respondió él.

—Es un nombre muy bonito. ¿Qué haces por aquí? —preguntó ella.

—Estoy de compras —respondió él con una sonrisa.

—Ah, entonces ¿por qué no vamos juntos? —dijo ella.

—Claro, sería un placer —dijo él.

Sergio y ella comenzaron a caminar juntos, hablando de sus vidas y de sus intereses. Pronto, ella sintió una atracción hacia él y comenzaron a besarse con pasión.

—Tengo que contarte algo —dijo ella con una voz temblorosa—. He tenido relaciones sexuales con muchas personas.

Sergio se quedó mirándola con una mezcla de sorpresa y curiosidad.

—¿En serio? —preguntó él.

—Sí —dijo ella—. Para mí, es algo importante. Me gusta explorar mi sexualidad con diferentes personas.

Sergio asintió, y comenzaron a besarse de nuevo. Esta vez, la pasión entre ellos era mucho más intensa.

—¿Quieres venir a mi casa? —preguntó él.

—Sí —dijo ella sin dudarlo.

Caminaron de la mano hasta la casa de Sergio, y una vez dentro, la besó apasionadamente, y comenzaron a desvestirse mutuamente.

Cuando estaban completamente desnudos, Sergio acarició suavemente el cuerpo de ella, explorando cada centímetro de su piel.

—Estoy tan excitado contigo —susurró Sergio—. No puedo evitarlo.

—Yo también —dijo ella con voz suave—. Estoy lista para darte todo lo que quieras.

Sergio comenzó a besarla apasionadamente, y ella se entregó completamente a él. Él la llevó al borde del placer con sus caricias y besos. Ella gimió de placer cuando él la penetró, y al mismo tiempo ella sentía una mezcla de emociones: el placer de estar con él, el deseo de experimentar algo nuevo, y la excitación de sentirse tan viva.

Cuando ella llegó al orgasmo, agarró el pene de Sergio y se lo lamió hasta que se corrió. Ella estaba exhausta, pero al mismo tiempo feliz.

—Espero que esto no haya sido una despedida —dijo Sergio mientras se vestían.

—No —respondió ella—. Estoy segura de que nos volveremos a ver.

—Entonces, ¿quieres volver a hacerlo? —preguntó él.

—Claro —dijo ella con una sonrisa—. Me encantaría.

## Aventura en el hogar

Carmen no podía creerlo. ¡Finalmente iba a contratar a alguien para arreglar su casa! Después de meses de buscar y comparar presupuestos, finalmente encontró a un obrero que ofrecía un precio razonable.

Ella estaba tan emocionada de que alguien iba a ayudarla a arreglar su casa que decidió preparar algo especial para la visita. Se puso su mejor ropa interior, una camisa blanca con botones y una falda negra.

Cuando el obrero llamó a la puerta, Carmen no pudo contener su emoción. Él era joven, apuesto y con un cuerpo perfecto. Ella no podía dejar de mirarlo.

El obrero le presentó su presupuesto y Carmen estaba impresionada. El precio era mucho más bajo de lo que esperaba. Ella lo invitó a entrar y le ofreció una bebida. Él aceptó y comenzaron a hablar sobre los trabajos que se necesitaban.

Mientras hablaban, Carmen no podía evitar mirarlo. Se sentía atraída hacia él y comenzó a sentir una sensación extraña en su cuerpo. Ella sabía que tenía que controlarse para no hacer algo que pudiera arruinar la situación.

De repente, el obrero le preguntó si podía usar el baño. Carmen se sorprendió y no pudo evitar sentir una punzada de deseo. Ella asintió y lo invitó a entrar.

Cuando el obrero salió del baño, Carmen no pudo resistir la tentación. Se le acercó y lo besó con pasión. Él le devolvió el beso con fuerza.

Los dos cayeron al suelo y comenzaron a desvestirse. Carmen estaba enloquecida de deseo. Él la besó y acarició todo su cuerpo. Ella sentía que el fuego de la pasión los quemaba. El obrero la penetró y los dos comenzaron a moverse al ritmo de su propio placer.

Carmen estaba en el cielo. El obrero la hacía sentir cosas que nunca había sentido antes. Ella gritaba de placer mientras él la penetraba cada vez más profundamente.

Los dos se acercaron cada vez más al orgasmo. Cuando llegó el momento, Carmen gritó de placer. El obrero también gritó y los dos se miraron a los ojos mientras compartían un momento de éxtasis.

Cuando todo terminó, Carmen no podía creer lo que acababa de pasar. No podía creer que hubiera estado tan cerca de alguien que acababa de conocer. Ella se sintió un poco avergonzada, pero también feliz de haberse permitido ser tan libre.

Cuando el obrero se empezó a vestir, Carmen se acercó y le cogió la polla. Luego se arrodilló y se la lamió con mucho placer. El obrero se sorprendió y se mantuvo en silencio hasta que se corrió nuevamente.

Cuando terminaron, el obrero le dijo que iba a volver en unos días para comenzar los trabajos. Carmen asintió y el obrero se fue.

Carmen no podía creer lo que acababa de pasar. Había sido una experiencia increíble. Nunca había imaginado que pudiera sentirse tan cerca de alguien que acababa de conocer.

La próxima vez que el obrero volvió para comenzar los trabajos, Carmen se sentía un poco nerviosa. Cuando llega, ella sabe que se abre una puerta a una aventura llena de pasión y deseo.

## Los Placeres del Intercambio

Laurie y Brad siempre habían sido una pareja aventurera, deseando experimentar nuevas formas de satisfacer sus necesidades sexuales. Después de varios años de relación, todavía estaban ansiosos por probar cosas nuevas. Después de algunas discusiones, decidieron que querían probar los locales de intercambio.

Laurie había escuchado rumores acerca de ese tipo de lugares, pero nunca había estado en uno. Estaba un poco nerviosa, pero sabía que tenía que experimentarlo para saber si realmente le gustaría. Brad, por otro lado, estaba entusiasmado con la idea. Estaba seguro de que el intercambio les daría la oportunidad de explorar su lado más sensual.

Así que una noche, después de una cena romántica, Brad y Laurie se dirigieron al local de intercambio. Estaban un poco nerviosos al entrar, pero pronto se sintieron cómodos al ver las caras felices y las risas de la gente que los rodeaba. El lugar estaba lleno de personas de todas las edades, etnias y géneros, y todos parecían estar disfrutando del ambiente libre de juicios.

Brad y Laurie se dirigieron a una mesa cerca de la pista, donde pudieron ver mejor a todos los demás. Mientras bebían sus bebidas, observaron los bailes sensuales en la pista. Los movimientos eróticos y la pasión que desprendían los bailarines inspiraron a la pareja para explorar sus propias fantasías.

Laurie se acercó a Brad y le susurró al oído que quería verlo bailar. Brad la miró con una sonrisa y se dirigió a la pista. Se movió con gracia y pasión, y Laurie fue incapaz de resistirse a sus encantos. Antes de darse cuenta, ella también había subido a la pista y se había unido a él.

Bailaron juntos durante un buen rato, sudando y disfrutando de los cuerpos calientes de los demás. Todos los presentes los miraban con admiración, y Laurie se sentía segura con los brazos de Brad alrededor de ella. Cuando terminaron el baile, se separaron para explorar el local.

Laurie se sintió aliviada al ver que el intercambio no era tan amenazante como había imaginado. Había muchas parejas y personas solas disfrutando de la noche, y la atmósfera era relajada y acogedora. Ella y Brad se detuvieron en una zona tranquila, donde los dos pudieron hablar sobre lo que habían sentido durante el baile.

Una vez que se sintieron cómodos, comenzaron a explorar el lugar. Se encontraron con muchas parejas que intercambiaban besos y abrazos apasionados, y Laurie se sintió intrigada. Brad la invitó a participar, y ella aceptó con entusiasmo.

Laurie y Brad se unieron a una pareja y comenzaron a besarse. Los otros dos se unieron a ellos, y pronto la habitación estaba llena de los sonidos de los besos y las caricias. Laurie se sentía cada vez más excitada, y Brad no podía resistirse a sus encantos.

Laurie estaba disfrutando de la experiencia, pero también se sentía un poco incómoda. Brad se dio cuenta de su incomodidad y la llevó a una habitación privada. Allí pudieron estar solos y explorar sus deseos sin preocuparse por ser juzgados.

Una vez en la habitación, Laurie se quitó la ropa lentamente. Brad la miraba con admiración y deseo, y ella se sintió más segura. Lentamente, comenzaron a explorar sus cuerpos con besos suaves y sensuales. Laurie se sentía cada vez más excitada a medida que Brad la besaba y acariciaba.

Laurie se sintió maravillosamente libre mientras Brad la besaba y acariciaba. Ella se sentía segura y desinhibida, y Brad disfrutaba de cada momento. Después de un tiempo, ambos alcanzaron un estado de pasión y satisfacción, y se abrazaron para descansar.

Laurie y Brad salieron del local con un nuevo entendimiento de sus deseos y necesidades. La noche había cambiado sus vidas para siempre, y habían descubierto una forma segura y excitante de explorar su lado más sensual. Estaban más enamorados que nunca, y decidieron que los locales de intercambio serían una parte regular de su relación.

## El Espejo

Su deseo era mirarse a sí misma. Incluso cuando estaba sola en la habitación, ella quería ver su propia imagen reflejada en el espejo. Sus ojos eran atraídos por su propia apariencia, y su cuerpo se sentía ardiendo con la anticipación de lo que venía.

La luz de la lámpara en la habitación era suave, creando un ambiente perfecto para su exploración. Lentamente, ella se desabrochó el cinturón de su falda y la dejó caer al suelo. Luego desabrochó su camisa y la dejó caer al lado de su falda.

Ahora ella estaba solo con su reflejo en el espejo. Sus dedos comenzaron a explorar su cuerpo desnudo, acariciando sus pechos y alisando suavemente su vientre. Ella podía sentir el aumento de su excitación, y mientras sus manos viajaban por todo su cuerpo, ella se permitió sentir cada vez más placer.

Sus dedos ahora alcanzaron la parte más íntima de su cuerpo, y sus ojos se encontraron con su propia imagen en el espejo. A medida que sus dedos comenzaron a jugar con su clítoris, ella se sentía más y más excitada. Su respiración se hizo más profunda y su cuerpo comenzó a temblar con el placer que estaba sintiendo.

Sus dedos ahora se movían cada vez más rápido, estimulando su clítoris con cada movimiento. Ella podía sentir el calor aumentar dentro de ella, y su cuerpo comenzó sacudía por cuenta propia. Sus músculos se tensaban y su respiración se volvió más rápida y profunda.

Mientras sus dedos seguían su trabajo, sus ojos seguían mirando su propia imagen en el espejo. Su cuerpo estaba ardiendo y su mente estaba llena de deseo. Su placer seguía aumentando, y pronto se permitió dejarse llevar por el calor y la excitación que estaba sintiendo.

La oscuridad de la habitación se llenó con sus gemidos mientras ella llegaba cada vez más cerca del clímax. Su cuerpo tenía una mezcla de placer y alivio, y sus manos se detuvieron. Ella se quedó allí un momento, disfrutando aún de la sensación de satisfacción que sentía.

Finalmente, ella se levantó y volvió a vestirse con su ropa. Se miró una última vez en el espejo, sonriendo satisfecha. Esta había sido una experiencia increíble, y ella sabía que volvería a repetirla pronto. Después de todo, ¿qué era mejor que el placer y la satisfacción de auto-explorarse en el espejo?

# El Centro Comercial

El centro comercial estaba abarrotado de personas, desde compradores hasta trabajadores, que se movían de un lado a otro. Entre ellos, estaba yo, una joven atractiva que estaba disfrutando de un día de compras. Me dirigí a la sección de vestidores para probarme algunos trajes, pues tenía una cita importante para el fin de semana.

Cuando entré, vi que los vestidores estaban casi vacíos. Había algunas personas probándose trajes, pero nadie más. Me dirigí a uno de los compartimentos con un vestido de mi talla y me cambié. Me sentí muy sexy con el vestido.

De repente, sentí un par de manos suaves acariciando mi espalda. Me volví para ver de quién era, y me encontré con un hombre que me miraba fijamente. Era alto, moreno, con una mirada misteriosa y profunda. Me di cuenta de que me estaba mirando con un deseo profundo.

Nuestras miradas se cruzaron por un momento, y luego el hombre se acercó a mí. Me sentí completamente atraída por él.

De repente, sin decir una palabra, él me agarró de la cintura y me llevó hasta uno de los compartimentos vacíos. Me abrazó con fuerza e hizo que me apoyara en una de las paredes.

Allí comenzó a besarme con pasión. Sus labios eran suaves y sus caricias eran cálidas. Estaba perdiéndome en sus labios, y comencé a sentir una excitación creciente en mi interior.

Mientras nos besábamos, el hombre comenzó a desabrochar mis prendas. Me sentí completamente encantaba con la sensación de estar expuesta. Él me acarició los senos con delicadeza mientras me besaba, y mi cuerpo comenzó a reaccionar de manera instintiva.

El hombre comenzó a deslizar sus manos por mi cuerpo, acariciando todas mis curvas. Me sentí completamente en trance, y mi excitación se intensificó a cada segundo. Le toqué por encima del pantalón y noté la dureza de su polla. Él me volvió a besar con una pasión aún mayor, y comencé a sentir un deseo incontrolable.

Las manos del hombre se deslizaron por mis piernas, acariciando cada centímetro de mi piel. Me sentí completamente perdida en sus caricias.

De repente, él me besó la entrepierna con pasión, y su lengua comenzó a explorar cada rincón de mi vagina. Estaba tan excitada que no podía contenerme. Él comenzó a lamer y chupar con maestría, haciendo que mi cuerpo temblara.

Mientras él me besaba y acariciaba, yo me sentía completamente en éxtasis. Estaba disfrutando cada segundo de aquella aventura erótica.

El hombre me penetró lentamente. Cada movimiento era una delicia, haciendo que mi excitación se intensificara. Nuestros cuerpos se movían como si estuvieran bailando, hasta que finalmente llegó el clímax.

Cuando el orgasmo llegó, sentí que todo mi cuerpo se relajó en un instante. Estaba completamente satisfecha y feliz. El hombre me abrazó con ternura y me besó una vez más.

Nos separamos sin decir una palabra, y regresé a mi casa, con un recuerdo inolvidable de aquella aventura erótica en el vestidor del centro comercial.

## Una Noche Inolvidable

Ella se sentía un poco nerviosa, pero también emocionada. Estaba a punto de tener su primera experiencia sexual con otra mujer, y no podía esperar a ver lo que iba a suceder.

Se encontraron en una discoteca y, desde el principio, se sintió atraída hacia ella. Ambas se acercaron y comenzaron a hablar, intercambiando miradas y sonrisas. La atmósfera entre ellas dos era cálida y acogedora, y pronto se sintió cómoda con ella y su presencia.

Se marcharon de la discoteca más tarde esa noche, y fueron a su apartamento. Ella estaba un poco nerviosa, pero, al mismo tiempo, emocionada de ver qué iba a suceder.

Una vez en el apartamento, ambas se quitaron la ropa y se tumbaron en la cama. Ella se sentía hermosa y sexy, y le encantó ver el deseo en los ojos de la otra mujer. Se tocaron y besaron con pasión, y pronto se sintió más cerca de ella que de nadie en su vida.

Las caricias se volvieron más profundas y los besos más ardientes. Estaban explorando cada centímetro de sus cuerpos, descubriendo sensaciones nuevas y emocionantes. Ella nunca había sentido algo tan intenso antes y se dejó llevar por la pasión que sentía.

Sus cuerpos se movían debido al placer. Ella podía sentir la humedad entre sus piernas y la presión de los labios de la otra mujer contra los suyos. Estaba sumergida en un mar de sensaciones, y cada vez estaba más cerca del clímax.

Finalmente, llegó el momento tan esperado. Cuando sintió el orgasmo que la recorría, fue diferente, algo que ella nunca antes había experimentado. Se quedaron abrazadas durante un rato, disfrutando de la calidez de sus cuerpos y del placer que acababan de experimentar.

Esa noche fue inolvidable. Había descubierto un nuevo mundo de sensaciones y sensualidad.

Desde entonces, el placer con otras mujeres se ha convertido en una parte muy importante de su vida.

## El Placer Oscuro

Lucía era una mujer hermosa, con un cuerpo esbelto y una cara perfecta. Su cabello negro y su piel morena la hacían aún más atractiva. Los hombres se volvían locos por ella, pero ella nunca les hacía caso. La única cosa que parecía interesarla era el placer oscuro que le proporcionaba el sexo.

Desde que era pequeña, Lucía había descubierto el placer que le producían algunas cosas. La idea de que alguien le introdujera un dedo en el culo la volvía loca. Aunque nunca se había atrevido a decirlo a nadie, su mente se volcaba en aquella fantasía cada vez con más frecuencia.

Un día, Lucía estaba en su apartamento cuando sonó el timbre. Se levantó de la cama para abrir la puerta y se encontró con su vecino, un hombre atractivo que pasaba mucho tiempo en su casa. Él la miró con una sonrisa y le dijo:

—Hola, Lucía. Me gustaría invitarte a tomar algo.

A Lucía le gustaba el hombre y aceptó la invitación de inmediato. Fueron a un restaurante y luego a un bar. Allí, el hombre le preguntó si le gustaría volver a su casa para tomar algo. Lucía, entusiasmada, aceptó.

Cuando llegaron a la casa del hombre, ella se sentó en el sofá mientras él se sentó a su lado. Él la miró fijamente y le dijo:

—Lucía, quiero que sepas que te deseo y me gustaría complacerte.

Lucía se sorprendió y su corazón comenzó a latir con fuerza. Ella trató de calmarse y preguntó:

—¿De qué hablas?

—Si me dejas, disfrutarás como nunca antes lo habías hecho —dijo él con una sonrisa.

Lucía quedó boquiabierta. Nunca había hablado de eso con nadie, y el hecho de que él lo supiera la dejó sin habla. Él se acercó más a ella y le dijo:

—No tienes que tener miedo. Yo te ayudaré a descubrir todos los placeres oscuros de la pasión.

Lucía no podía creer lo que estaba escuchando. Sentía una mezcla de miedo y excitación a la vez. El hombre se acercó más y le dijo:

—No te preocupes, Lucía. Yo sé lo que hago.

Entonces, el hombre comenzó a acariciar suavemente la espalda de Lucía, mientras le susurraba al oído todo tipo de cosas excitantes. Sus manos se deslizaban por su cuerpo como si conocieran cada uno de sus rincones.

Luego, el hombre le preguntó podía tocarla donde quisiera. Lucía, sin pensarlo dos veces, dijo que sí. El hombre sonrió y le dijo que se relajara. Luego, comenzó a acariciar suavemente sus nalgas.

La sensación era increíblemente placentera. Lucía estaba excitada y su respiración se aceleraba a cada segundo. El hombre entonces, sin apartarse un segundo de sus nalgas, comenzó a introducir suavemente un dedo en su ano.

A Lucía le entró un escalofrío de placer. Nunca había sentido algo así. El hombre comenzó a mover suavemente el dedo, provocándole una sensación indescriptible.

Lucía comenzó a gemir de placer, mientras el hombre la besaba suavemente en el cuello. Su cuerpo comenzó a estremecerse de puro placer, mientras el hombre seguía introduciendo y sacando suavemente el dedo.

Lucía estaba alcanzando el clímax, cuando el hombre sacó su dedo. El hombre se había corrido al verla a ella tan cachonda.

Lucía quedó boquiabierta y relajada a la vez.

Aquella fue la última vez que vio a aquel hombre.

## Mirando a la Vecindad

La chica se sentó en el sillón del salón, con una sonrisa maliciosa en su rostro mientras veía a sus vecinos teniendo relaciones sexuales. La luz de la luna entraba por la ventana abierta, iluminando el cuarto con una luz tenue, creando un ambiente sexy.

Ella se deslizó lentamente sobre el sofá, dándose cuenta de que la luz de la luna la favorecía. Ella se relajó y comenzó a tocarse los pechos, masajeándolos suavemente mientras disfrutaba de la vista de sus vecinos. Sus dedos se acercaban cada vez más a sus pezones, provocando que se endurecieran, mientras disfrutaba del concierto de gemidos que provenía de la habitación de al lado.

Ella se sintió cada vez más caliente, mientras sus dedos bajaban por su cuerpo, tocando y masajeando suavemente su vientre y sus muslos. Su mano se deslizaba entre sus piernas. A medida que sus dedos se movían sobre su clítoris, su respiración se volvió más profunda, y sus gemidos se volvieron más intensos.

Sus dedos se movieron con rapidez y precisión, mientras su mente se llenaba con imágenes de sus vecinos haciendo el amor. Esto le provocó una intensa sensación de placer que hizo que sus gemidos se volvieran más fuertes. Su cuerpo se estremecía con cada movimiento de sus dedos, hasta que finalmente alcanzó el clímax.

Una vez que logró recobrar el aliento, se levantó del sillón y sonrió satisfecha. Esta noche había sido una noche muy placentera, gracias al calor de la luna y a sus vecinos. Se dirigió a la cama con una sonrisa en su rostro, preparada para descansar y prepararse para el día siguiente.

# Masturbación Compartida

La habitación estaba cargada con una sensación cálida y erótica. La luz tenue hacía que todo pareciera más íntimo, más misterioso. Estaba sentada en el borde de la cama, observando a mi pareja con una mezcla de fascinación y deseo. Estaba desnudo, su cuerpo iluminado por la luz tenue de la habitación. Estaba parado frente a mí, con sus manos acariciando suavemente su miembro erecto.

Sus ojos estaban cerrados, su respiración estaba profunda y sus labios se movían levemente mientras sus dedos recorrían su miembro. Me sentí más excitada de lo que nunca había estado antes. Estaba completamente hipnotizada por la imagen de mi pareja disfrutando de su propio placer mientras yo observaba.

Cerré mis ojos y me concentré en mi propio deseo. Mi mano fue hacia mi clítoris y empecé a acariciarlo suavemente mientras miraba a mi pareja masturbándose. Mi respiración se volvió más acelerada y sentí un calor intenso entre mis piernas.

Mis movimientos se volvieron más rápidos y mis dedos recorrían con rapidez mi clítoris. El placer se estaba volviendo cada vez más intenso y mi cuerpo comenzó a temblar. Mis gemidos eran cada vez más fuertes y mi pareja abrió sus ojos para mirarme.

Los dos nos miramos a los ojos, como si estuviéramos conectados por una fuerza invisible. Su mirada me hizo sentir aún más excitada y yo seguí acariciándome mientras le miraba. Él también se acariciaba más rápido, acompañando mis movimientos y disfrutando de la vista.

El placer aumentó hasta el punto de que el orgasmo me envolvió. Me arqueé hacia atrás y mis piernas temblaron mientras mis gemidos se hacían más fuertes. Mi pareja también estaba muy cerca de alcanzar su propio clímax y cuando lo alcanzó, su cuerpo se sacudió y su rostro se llenó de una maravillosa satisfacción.

Cuando terminamos, nos abrazamos y nos besamos con ternura. Habíamos compartido un momento de placer íntimo que sería difícil de olvidar. La experiencia de la masturbación compartida era algo que nunca habíamos experimentado antes.

## Una Experiencia Íntima

Ella estaba desnuda, con el agua cayendo sobre su cuerpo, sus dedos recorriendo suavemente su cuerpo. La sensación de la espuma dejaba una sensación de ternura en la piel de su cuerpo, en especial en las zonas más sensibles de su ser.

Mientras el agua se deslizaba por su cuerpo, su mano recorría suavemente su cintura y sus caderas. Sus dedos se deslizaban por su abdomen, recorriendo su contorno. Su mano fue ascendiendo lentamente, hasta llegar a la zona más íntima de su cuerpo, su clítoris.

Sus dedos acariciaron suavemente la zona, provocando que una sensación de placer se expandiera por todo su cuerpo.

Introdujo en su vagina dos dedos de su mano. El contacto con su interior le provocaba una sensación de éxtasis inigualable. Comenzó a moverlos despacio, sintiendo como su interior se contraía alrededor de sus dedos.

En el centro de su cuerpo, su clítoris se encontraba erecto, a la espera de ser estimulado. Sus dedos jugaron con su contorno, acariciando suavemente su centro. Un gemido profundo comenzó a surgir de su garganta.

Sus movimientos se volvían más fuertes y más rápidos. La sensación de placer que recorría su cuerpo era insoportable. Sus gemidos se volvían cada vez más intensos. El agua caliente caía sobre su cuerpo, alimentando su deseo.

Su cuerpo se estremeció, su espalda se arqueó y su clítoris se contrajo. Una ola de placer la recorrió de pies a cabeza.

Quedó exhausta, con el cuerpo temblando de placer. Una sonrisa de satisfacción se dibujó en su rostro.

Se sentía relajada, satisfecha y llena de energía. Se duchó rápidamente, salió de la ducha y se vistió.

Ya con la piel limpia y suave, se miró en el espejo y sonrió. Había disfrutado de uno de sus mejores momentos íntimos.

## Mirar a la Vecina

Era una tarde como cualquier otra en casa de Juan. Estaba aburrido, sin nada qué hacer, así que decidió pasar un rato en el balcón de su casa. El balcón daba a la casa de la vecina, una hermosa joven de cabello castaño con un cuerpo que desencadenaba en Juan una mezcla de emociones.

Desde que la vio, Juan se sentía atraído por ella. Y ahora, sentado en su balcón, él la miraba, embelesado por su belleza. La vecina estaba trabajando en el jardín, y mientras la miraba, Juan comenzó a sentir un cosquilleo en su entrepierna.

Juan decidió entrar en su habitación para calmar el creciente deseo que estaba sintiendo. Se quitó la ropa y comenzó a acariciar su cuerpo. El tacto de sus dedos le provocaba un cosquilleo que lo llevaba cada vez más cerca del placer.

Mientras sus manos recorrían su piel, sus pensamientos volaban hacia la vecina. Su cuerpo desnudo, su cabello suelto, sus movimientos suaves... Todas estas imágenes lo excitaban aún más.

La mano de Juan bajó hasta su entrepierna. Comenzó a masturbarse con lentitud, imaginándose que era la vecina la que lo tocaba. El placer comenzó a inundar su cuerpo con cada movimiento de sus dedos.

Mientras se masturbaba, Juan miraba hacia el balcón. La vecina seguía trabajando, pero Juan no veía nada más que a ella. Cada vez que sus ojos se posaban en ella, su excitación crecía.

El placer fue aumentando hasta alcanzar su punto máximo. Juan sintió una explosión de placer que lo dejó sin aliento. Se dejó caer en la cama, exhausto pero satisfecho.

Aun tenía la imagen de la vecina en su mente. A partir de ese día, cada vez que se sentía solo, Juan volvía a mirar a su vecina desde el balcón, adentrándose en el placer de mirarla.

## Contratando los Servicios Sexuales de un Hombre

La primera vez que escuché sobre contratar los servicios sexuales de un hombre fue de mis amigas. Estaban discutiendo sobre cómo habían hecho y cómo había sido para ellas. Me quedé anonadada, nunca había escuchado de algo así antes. Sin embargo, su entusiasmo me había despertado algo en mí. Habían hablado tan abiertamente sobre ello que, sin siquiera darme cuenta, me encontré anhelando tener una experiencia como la que ellas habían tenido.

La tentación de contratar los servicios sexuales de un hombre comenzó a consumirme. Estaba intrigada, y quería descubrir qué era lo que hacían para satisfacer a sus clientes. ¿Qué había en el acto sexual con un desconocido que hacía que mis amigas lo disfrutaran tanto? Estaba decidida a averiguarlo.

Después de haber hecho un poco de investigación, encontré a un hombre que ofrecía sus servicios sexuales. Su nombre era Tom, un hombre de unos treinta años, con cabello corto y ojos marrones. En la foto que vi, sólo pude ver una parte de su cara, pero fue suficiente para que me sintiera intrigada. Me pareció un hombre muy atractivo, y así fue como comencé a prepararme para nuestra cita.

Me sentía nerviosa, pero a la vez emocionada. Estaba ansiosa por descubrir qué experiencias me esperaban. Cuando llegué a su apartamento, me recibió con una sonrisa. Me invitó a pasar y me ofreció algo de beber. Mientras nos sentamos en el sofá, comenzamos a hablar y rápidamente me puse a gusto.

Tom me explicó exactamente cómo iba a funcionar nuestra cita. Me dijo que él era el que iba a tomar el control, y que yo iba a dejar que él me guiara. Estaba un poco nerviosa al principio, ya que no estaba acostumbrada a ser tan pasiva. Sin embargo, me di cuenta de que estaba disfrutando el hecho de que alguien tomara el control por mí.

Una vez que comenzamos, me sorprendí de la sensualidad de nuestro encuentro. Tom estaba muy centrado en mis placeres, y sus besos y caricias me encantaron. Me sentí muy cómoda con él, y me di cuenta de que estaba disfrutando cada nuevo toque.

Tom me hizo sentir como una diosa. Me llevó al clímax una y otra vez, hasta que cada centímetro de mi cuerpo temblaba.

Cuando nuestra cita terminó, me sentí como si acabara de experimentar algo completamente nuevo. Había descubierto algo sobre mí misma que me sorprendió. Había descubierto un lado de mí que no sabía que existía.

Después de contratar los servicios sexuales de Tom, quería más. Me sentí libre de experimentar mis deseos sexuales sin sentir vergüenza. Había descubierto una forma de experimentar el placer sin comprometerme a nada más.

A partir de entonces, mi confianza en mi sexualidad sólo ha aumentado. Ahora, cuando quiero experimentar algo nuevo, sé que puedo buscar los servicios de un profesional para satisfacer mis deseos. Contratar los servicios sexuales de un hombre fue una de las mejores decisiones que he tomado en mi vida.

## El Masaje Perfecto

Lara era una joven masajista de 24 años que trabajaba en un spa de lujo. Se había especializado en terapias de relajación y masajes de descontracturación músculo-esquelética. Era muy buena en su trabajo y tenía la suerte de contar con clientes ricos y exigentes que buscaban la excelencia en todo lo que hacían.

Lara no había tenido muchas relaciones sexuales en su vida, así que los clientes eran como una válvula de escape para sus deseos reprimidos. Estaba profundamente atraída por los hombres mayores, maduros, con gran experiencia y con una mirada profunda y sensual.

Uno de sus clientes más asiduos era un hombre mayor, con pelo gris, muy educado y con un cuerpo hermoso. Su nombre era Carlos y se había convertido en una figura paterna para Lara. Siempre acudía a sus sesiones con una sonrisa en los labios y una actitud muy relajada, como si estuviera en casa.

Durante los últimos meses, Carlos se había ido acercando cada vez más a Lara y ella, aunque aún no se atrevía a admitirlo, empezó a sentir algo especial por él. Una tarde, después de una sesión de masaje muy relajante, Carlos se quedó unos minutos más para hablar con Lara.

Le preguntó si estaba bien, si necesitaba algo y le contó que le habían dicho que era una masajista muy especial. Ella le sonrió y empezaron a hablar sobre cosas más personales.

Lara se sintió cómoda con Carlos. Él la miraba con una expresión dulce y cariñosa que la hacía sentirse deseada y amada.

Finalmente, Carlos se atrevió a preguntarle si le gustaría tener una relación algo más íntima. Lara se quedó sin palabras, pero finalmente decidió que quiso probar.

No habían pasado ni cinco minutos cuando Carlos se acercó a Lara y la besó con pasión. Sus manos comenzaron a recorrer su cuerpo, acariciando y besándolo por todos los rincones.

Lara estaba desinhibida y excitada al mismo tiempo. Se sentía como si estuviera en un sueño. Carlos empezó a quitarle la ropa poco a poco, besando cada parte de su cuerpo que descubría.

Lara estaba temblando de placer y deseo. Se sentía libre, feliz y muy sexy. Sus manos buscaron las de Carlos y comenzaron a tocar todo su cuerpo.

Los dos se abrazaron y comenzaron a besarse con más pasión. Carlos le dijo que quería hacer el amor con ella, y ella le contestó que también lo deseaba.

Carlos la llevó a la cama y comenzaron a besarse con mucha intensidad. Sus lenguas se deslizaban suavemente una sobre la otra, acompañadas de manos exploradoras.

Lara se sentía como si estuviera flotando sobre una nube. Carlos le dijo que la deseaba desde el primer momento que la vio y que estaba seguro de que tenían una conexión especial.

A partir de ese momento, cada vez que Carlos acudía a su sesión de masaje, la cosa se iba complicando cada vez más. Las manos de Carlos comenzaron a recorrer todo su cuerpo con lentitud, despertando sensaciones y deseos que ella nunca antes había experimentado.

Sus caricias eran suaves al principio, pero rápidamente se iban volviendo más intensas. Sus dedos se movían de arriba abajo, acariciando y estimulando sus puntos erógenos.

A medida que la sesión avanzaba, Lara comenzaba a sentir un calor intenso en su cuerpo. Carlos seguía acariciando con sus suaves manos y besos cada vez más apasionados.

Finalmente, Carlos le dijo que estaba listo para darle el mejor masaje de su vida. Se tumbó en la camilla, Lara se colocó sobre él y comenzó a deslizar sus manos por su cuerpo con movimientos lentos y sensuales.

Carlos no podía creer lo que estaba sintiendo. Sus sentidos estaban enloquecidos y alcanzó el clímax de forma instantánea. Lara seguía estimulándolo, acariciando y besando cada parte de su cuerpo con infinita ternura, hasta que ambos alcanzaron el orgasmo al mismo tiempo.

Cuando Carlos se fue, Lara se quedó allí, tumbada en la camilla. Había vivido una de las experiencias más intensas y emocionantes de su vida. Su masaje perfecto.

## Nuevas Sensaciones

La desesperación de Victoria comenzó cuando su novio decidió terminar con la relación. Se habían conocido hacía un año, pero su relación no había dado el resultado esperado. Estaba sola y triste, así que decidió buscar algún modo para llenar el hueco que sentía.

Victoria decidió entonces que necesitaba probar algo nuevo, algo que la ayudara a experimentar nuevas sensaciones. Estaba decidida a probar el placer sexual, así que decidió buscar en internet algunos juguetes eróticos que la ayudaran a lograrlo.

Después de mucho buscar, encontró un consolador anal. Era un juguete erótico muy erótico, con una forma curvada, perfecta para estimular los puntos sensibles que hay alrededor del ano. Estaba decidida a probarlo, y así lo hizo.

Victoria se sentó en su cama con el consolador anal en la mano, y comenzó a acariciarse. Sus dedos recorrieron el juguete erótico, y comenzó a sentir un calor en el interior de su cuerpo. Sus pensamientos se volvieron más profundos, y comenzó a imaginar el placer que debía de darle usar aquel consolador.

Una vez que se puso cómoda, comenzó a introducir el consolador anal en su cuerpo. El consolador se sentía increíble, y mientras lo introducía, notó como su cuerpo comenzaba a excitarse. Sus gemidos eran cada vez más fuertes, y su cuerpo pedía más y más.

Victoria seguía disfrutando del consolador cuando de repente, escuchó una voz detrás de ella. Era su novio, quien había regresado para intentar reconciliarse. Él se quedó mirando la escena con una mezcla de asombro y deseo.

Victoria se sintió avergonzada al principio, pero su novio la tranquilizó diciéndole que la amaba y que a él también le gustaría jugar con el consolador. Victoria estaba muy a gusto con la situación, así que los dos comenzaron a experimentar juntos el placer que el consolador anal les proporcionaba.

Comenzaron a besarse apasionadamente mientras él la penetraba con el consolador anal. Victoria estaba a mil con el placer que le proporcionaba el juguete erótico, y con cada movimiento, notaba como su cuerpo parecía estar a punto de explotar.

Su novio la penetraba con el consolador anal mientras acariciaba sus senos con sus manos. Victoria estaba a punto de alcanzar el clímax cuando su novio la besó en los labios y le susurró que la amaba.

Victoria alcanzó el orgasmo en ese mismo instante, un orgasmo intenso que la dejó exhausta y satisfecha. Su novio también alcanzó el clímax, y los dos quedaron abrazados durante un largo rato.

Después de esa experiencia, Victoria y su novio se reconciliaron y comenzaron a disfrutar de una nueva oportunidad.

## Un encuentro inesperado en el camino

Ella se llamaba Mary y él, Kyle. Ambos eran adultos jóvenes, a punto de cumplir treinta años, que decidieron embarcarse en una aventura de viaje por el mundo. Mary estaba interesada en conocer culturas diferentes, mientras que Kyle estaba interesado en ver el mundo y descubrir nuevos lugares.

Durante su viaje, se encontraron en un pequeño pueblo en el medio de la nada. La única fuente de entretenimiento era una taberna local, donde los dos decidieron tomar unas cervezas. Mientras se relajaban, un par de personas más entraron en la taberna. Los dos se presentaron como Sue y Dan.

Fue una noche inolvidable, llena de risas, buena comida y muchas historias. Mary y Kyle descubrieron que Sue y Dan eran muy similares a ellos y decidieron que era el momento perfecto para intentar algo nuevo.

Todos se marcharon a una habitación de hotel cercana y comenzaron a desnudarse. Los cuatro estaban muy excitados y decidieron explorar todas las posibilidades de la noche. Empezaron a besarse y a tocarse, cada uno de ellos llevando el otro al límite de la excitación.

Se besaron con pasión mientras exploraban el cuerpo del otro. Las manos se deslizaban por sus cuerpos, los besos eran cada vez más apasionados, y los cuatro estaban disfrutando cada momento.

Luego, Mary y Kyle se separaron y comenzaron a besar y acariciar a Sue y Dan. Los cuatro se deslizaban entre sus cuerpos en una coreografía erótica. La excitación era palpable, y todos estaban ansiosos por experimentar algo nuevo.

Los cuatro comenzaron a practicar el sexo oral entre ellos, con besos profundos y lamidas. Mientras tanto, besaban y acariciaban sus cuerpos hasta que todos alcanzaron el éxtasis.

Después de varias horas de placer, los cuatro se acostaron juntos en la cama y se quedaron dormidos. Por la mañana, los cuatro se despertaron juntos, todavía con los cuerpos llenos de excitación. Mary y Kyle se miraron a los ojos y se dieron cuenta de que habían creado un momento inolvidable juntos.

A partir de ese momento, Mary y Kyle descubrieron que podían disfrutar de la compañía de Sue y Dan, incluso fuera de la cama. Compartir momentos de conexión y de pasión fue la mejor manera de terminar su viaje.

Ninguno perdió el contacto después de aquella noche.

## La enfermera y los pacientes

La enfermera se llamaba Maryann y llevaba trabajando en el hospital desde hacía varios años. Había tenido una infancia muy difícil, y ella había encontrado consuelo en el trato con los pacientes. Maryann nunca se había interesado por los hombres, aunque sí se sentía atraída por algunas de sus pacientes.

Su trabajo como enfermera le permitía pasar mucho tiempo con los pacientes, y a menudo se sentía profundamente conectada con ellos. Empezó a pensar en formas de mostrarles su afecto.

Un día, mientras estaba trabajando, descubrió que la paciente también sentía algo por ella. Maryann nunca había considerado el tener relaciones sexuales con una paciente, pero ahora estaba intrigada.

Maryann empezó a pasar cada vez más tiempo con la paciente, y pronto descubrió que compartían muchas cosas en común. Hablaban de sus vidas, de sus sueños, y de sus deseos más íntimos.

Maryann empezó a sentirse cada vez más cercana de ella, y pronto descubrió que estaba desarrollando sentimientos fuertes. A pesar de que sabía que era algo inapropiado, ella se sentía incapaz de evitarlo.

Un día, Maryann le preguntó a la paciente si ella querría tener relaciones sexuales. La paciente no dudó en aceptar su oferta.

La enfermera comenzó a acariciar el cabello de la paciente y a besar su cuello. Pronto, la paciente estaba tan excitada como la enfermera. Se desnudaron mutuamente y comenzaron a explorar sus cuerpos. La enfermera se sentía como si estuviera en el paraíso, y la paciente era cada vez más receptiva a los suaves toques y caricias de la enfermera.

La enfermera y la paciente pasaron la tarde explorando sus cuerpos y descubriendo nuevas formas de placer. El placer fue creciendo cada vez más hasta que alcanzaron el clímax juntos. La enfermera se sentía como si acabara de vivir un sueño, y la paciente estaba radiante de felicidad. Ambas se despidieron.

Desde aquel día, Maryann había mantenido relaciones sexuales con varias pacientes.

A pesar de que sabía que su trabajo y su vida estaban en peligro, Maryann seguía sintiendo una profunda conexión con sus pacientes. Aunque la gente pueda juzgarla por lo que hace, ella se sentirá satisfecha de haberles ayudado de alguna forma.

## Turbulencias en el baño

Ella aguardaba su vuelo desde hacía casi dos horas en el aeropuerto y estaba aburrida. En un momento de desesperación, decidió entrar en los baños para relajarse un poco.

Cuando entró, vio algo que nunca había visto antes: había un hombre sentado en el suelo, con la espalda apoyada contra la pared. Sus ojos se encontraron y de inmediato hubo una conexión.

Él se levantó y se acercó a ella. Se miraron a los ojos unos segundos antes de que él rompiera el silencio:

—¿Qué haces aquí? —preguntó él.

—Aburrirme mientras espero mi vuelo —respondió ella—.

Él sonrió y se acercó más a ella.

Ambos perderían la noción del tiempo en aquel baño. Se besaron con pasión y se abrazaron con fuerza. El aire estaba viciado y el olor a sudor se mezclaba con el aroma a jabón.

Él comenzó a desabrochar la camisa de ella y ella le devolvió el favor con su camisa. Jugaban con sus cuerpos, explorando cada recoveco de sus pieles.

Los minutos se transformaron en horas y ninguno de los dos parecía estar dispuesto a separarse. Era como si los baños del aeropuerto se hubieran convertido en una habitación llena de pasión y amor.

Ella le desabrochó el pantalón. Se agachó hasta la altura de su polla. Sus dedos se deslizaron por su piel húmeda, recorriendo desde la base hasta la punta con movimientos cada vez más profundos. Él se dejó llevar por la sensación, sus gemidos se hacían cada vez más intensos. Ella comenzó a lamerle la polla con suavidad, recorriendo cada centímetro con su lengua. Él estaba al borde de la locura, sus movimientos se hacían cada vez más rápidos. Por fin, él llegó al orgasmo explotando en su boca. Ella se levantó con una sonrisa complacida.

Después de aquel día, hubo tres encuentros secretos en el baño del aeropuerto. Siempre había un sentimiento de ansiedad y emoción, pero también había algo más. Algo que no se podía explicar con palabras.

Poco a poco, fueron construyendo una relación íntima y profunda.

Sus encuentros eran una especie de ritual en el que se permitían desinhibirse y permitirse explorar su lado más salvaje.

Cada vez que se encontraban, su deseo era más intenso. Se besaban, se abrazaban y se acariciaban con una pasión que parecía no tener fin.

Por desgracia, los dos tenían que seguir adelante con sus vidas, así que un día decidieron despedirse. Se prometieron que seguirían en contacto, pero nunca sucedió.

Años más tarde ella volvió al aeropuerto para recordar aquellos momentos. Se sentó en el mismo lugar en el que se habían conocido y recordó cada detalle de aquellos encuentros.

Aquellos momentos en el baño del aeropuerto se habían convertido en algo mágico para ella.

## **Lengua Erótica**

Estaba sentado con mi novia a la mesa, disfrutando de una cena romántica. Ella era hermosa, con su cabello rubio ondulado cayendo sobre sus hombros, sus ojos marrones brillando con anticipación. Estaba vestida con un vestido blanco ajustado que revelaba su cuerpo perfecto.

Nos sentamos juntos y comenzamos a comer, charlando acerca de nuestras vidas y compartiendo risas. A medida que la conversación fluyó, mi deseo por mi novia comenzó a crecer. Estaba desesperado por tocar su piel y sentir su calidez. No podía dejar de mirarla, con sus labios rojos sensuales y su mirada penetrante.

Mientras comíamos, comencé a sentir una creciente excitación. Sentía que mi deseo por ella estaba alcanzando nuevas alturas. No quería detenerme, sino satisfacer mis deseos de una manera profundamente erótica.

Comprendí que estaba preparado para dar el siguiente paso y descubrir nuevas dimensiones de nuestra intimidad.

Empecé a acariciarla suavemente por todo el cuerpo, desde sus pies hasta su cintura. Mientras lo hacía, sentí que se estaba poniendo cada vez más cálida. La estaba excitando, y cada vez deseaba más.

Empecé a bajar lentamente hasta su entrepierna. Ella se arqueó hacia mí, dándome la señal para que continuara. Comencé a acariciarla suavemente por toda la zona, moviendo mis manos de un lado a otro. Me encantaba sentir la suavidad de su piel.

Mientras acariciaba suavemente sus muslos con mis manos, empecé a besar suavemente su área íntima. Ella gimió de placer y yo casi no pude contener mi excitación. Me encantaba el sabor de su piel y el olor que desprendía.

Comencé a lamer suavemente su zona íntima, desde su clítoris hasta su vagina. Cada vez se volvía más y más cálida, y su respiración se volvía más profunda. Ella estaba disfrutando en cada momento, y yo estaba extasiado.

Mientras seguía lamiendo suavemente sus zonas íntimas, empecé a sentir su orgasmo acercándose. Estaba alcanzando su punto máximo de excitación, y yo estaba disfrutando cada segundo.

Comencé a mover mi lengua con más rapidez, y ella comenzó a gemir de placer. Estaba completamente entregada a mí, y yo estaba extasiado con la experiencia. Ella alcanzó un orgasmo intenso mientras yo seguía lamiendo suavemente su zona íntima.

Cuando ella llegó a su punto máximo de placer, yo me detuve. Me senté junto a ella y la abracé. Sabía que ahora era mi momento...

## Un viaje de descubrimiento

Me gusta explorar el lado oscuro de la vida, así que cuando mi amigo me propuso que hiciésemos un pequeño viaje para probar algo nuevo, me entusiasmó la idea. Decidimos viajar a una pequeña ciudad cerca de la frontera con México para buscar una experiencia diferente.

Cuando llegamos, nos sorprendió el ambiente. La gente era amable y acogedora, y el clima era cálido y relajado. El lugar era un paraíso para cualquier amante de la cultura y la naturaleza, y un refugio para los descarriados.

Una de las primeras cosas que hicimos fue explorar el pueblo. Vimos la plaza principal, los templos antiguos, el mercado y los hermosos jardines. Estábamos muy emocionados y, a medida que pasábamos de un lugar a otro, descubrimos algo muy interesante: el acto de hacer felaciones en público estaba aceptado y, a veces, hasta celebrado.

Mi amigo y yo nos miramos con asombro. Estábamos un poco incómodos al principio, pero pronto nos sentimos atraídos por la idea de probar algo tan nuevo y diferente. Aceptamos el reto y decidimos darle una oportunidad.

Esa misma noche, nos dirigimos a una discoteca cercana. La música era fuerte, el ambiente era relajado y el lugar estaba lleno de gente con una mentalidad abierta. Vimos a algunas parejas haciendo felaciones en público y decidimos unirnos a ellos.

En un principio, nos sentimos un poco tímidos, pero pronto nos dimos cuenta de que la gente nos miraba con admiración y aprobación. Esto nos animó a seguir probando cosas nuevas, así que nos animamos a hacerlo cada vez con más confianza.

Empezamos a practicar en un rincón discreto del club. A medida que nos aventurábamos a probar cosas nuevas, la gente nos animaba y nos aplaudía. Esta reacción nos ayudó a sentirnos seguros y cómodos.

Después de un tiempo, nos sentimos lo suficientemente confiados como para salir a la pista de baile y hacer felaciones en público. Esta nueva experiencia nos proporcionó una sensación de libertad y placer que nunca antes habíamos experimentado.

Nuestro viaje de descubrimiento nos enseñó muchas cosas. Descubrimos que hay lugares donde la gente puede ser libre de expresar su sexualidad sin juicio. Además, aprendimos a relajarnos y disfrutar de la vida al máximo.

Ahora que ya hemos regresado de nuestro viaje, miramos atrás con nostalgia.

## El placer de los pies

Desde que era joven, Anna siempre había tenido una pasión desconocida por los pies. Para ella, el acto de acariciar, besar y lamer los pies era una forma de relajarse. Siempre había tenido la fantasía de tener a alguien que le gustara que le chupasen los pies, pero nunca se había atrevido a pedírselo a nadie.

Un día, mientras navegaba por Internet, encontró un sitio de citas en el que había un anuncio de un hombre que quería tener relaciones sexuales con alguien que le chupara los pies. Anna no podía creerlo, ¡era su oportunidad! Inmediatamente se registró en el sitio y envió un mensaje al hombre.

—Hola, soy Anna. ¿Todavía estás interesado en tener relaciones sexuales con alguien que te chupe los pies?

—¡Por supuesto! Me encantaría tener relaciones sexuales contigo —dijo el hombre.

Anna estaba tan emocionada que no podía contener su entusiasmo. Se vistió con una lencería sexy y esperó ansiosamente la llegada del hombre. Cuando por fin llegó, Anna estaba más que preparada para cumplir su fantasía.

El hombre se sentó en el sofá y Anna se arrodilló frente a él. Ella comenzó a acariciar sus pies, besarlos y lamerlos. Anna estaba tan excitada que casi se corría de placer. El hombre estaba igual de excitado, y pronto comenzó a gemir de placer.

—¿Te gusta? —dijo Anna

—Sí, me encanta. ¡No puedo creer lo bien que lo estás haciendo!

Anna se sintió orgullosa. Ella siguió chupando y succionando los pies del hombre mientras él gemía de placer. Cuando el hombre comenzó a temblar de placer, Anna se dio cuenta de que estaba a punto de correrse.

—¿Estás listo para correrte? —sugirió Anna.

Sí, estoy listo. ¡No puedo aguantar más!

Anna sabía que el momento había llegado. Ella chupó y succionó su pene con fuerza. Mientras lo hacía, sus dedos se movían en círculos rodeando su clítoris. Siguió tocándose y chupándosela al hombre hasta que ambos finalmente se corrieron. Anna estaba complacida por la sensación que había experimentado.

¡Ah! ¡Fue increíble! —dijo el hombre.

—Así fue —dijo ella.

## Trío

Ana estaba sentada en la cama, mirando a los dos hombres que tenía delante. Había sido una decisión arriesgada venir con ellos, pero desde el momento en que los vio por primera vez, supo que no podía negarse a lo que tenían para ofrecerle. Estaban desnudos, sus cuerpos musculosos y suaves brillando bajo la luz de la luna.

Los dos hombres se acercaron a ella, extendiendo sus brazos para abrazarla. Ella se dejó llevar, disfrutando de la sensación de sus cuerpos desnudos contra los suyos. Sus manos recorrieron su cuerpo, acariciando cada una de sus curvas mientras levantaban su espíritu. Sus bocas se encontraron en un beso ansioso, sus lenguas moviéndose juntas mientras sus cuerpos comenzaban a moverse al compás de una misma canción.

Ana sintió que el calor se extendía por todo su cuerpo mientras las manos de los hombres la acariciaban por todas partes. Ella se movía contra ellos, sus curvas se fundían con las de los dos hombres. Su deseo era palpable, sus cuerpos se estremecían de placer cada vez que se tocaban. Sus manos recorrían todos sus rincones, descubriendo los límites de su placer.

Los gemidos de Ana se mezclaban con los de los hombres. Sus cuerpos se calentaban más y más, sus pieles se humedecían con el sudor de la pasión. Sus lenguas exploraban sus bocas, sus dedos buscaban la intimidad de sus cuerpos. Ella se movía entre ellos, disfrutando de todo el placer que estaban compartiendo.

Sus lenguas se juntaban, sus cuerpos se unían. Los hombres levantaban su cuerpo, la acariciaban, la besaban y la llevaban a un éxtasis indescriptible.

Los hombres la llevaron al clímax una y otra vez. Ella gritaba de placer, sus cuerpos se sacudían con cada explosión de sensaciones.

Una vez que los tres llegaron al clímax, se desplomaron sobre la cama, agotados y exhaustos.

## Lo Desbordante de una Mujer

La vida de Jessica siempre había sido bastante normal, con su trabajo, sus amigos, su familia y sus viajes, pero en el fondo siempre había deseado algo más. Algo que la hiciera sentirse viva.

A Jessica le gustaba sentirse deseada y sentir el calor del deseo entre los brazos de un hombre. Cuando estaba sola, sus pensamientos a menudo volaban hacia escenas de pasión.

Un día, Jessica decidió salir de su zona de confort y tomar un riesgo. Se inscribió en un sitio web de citas y comenzó a navegar por los perfiles de los hombres. No pasó mucho tiempo antes de que encontrara a un chico que le llamó la atención.

Su nombre era Andrew y tenía una cara bonita y un cuerpo musculoso. Jessica se sintió inmediatamente atraída por él y decidió enviarle un mensaje. Él respondió de inmediato y pronto comenzaron a chatear.

Era obvio que Andrew sentía la misma atracción por Jessica, así que decidieron reunirse para tomar unas copas. Jessica estaba muy nerviosa antes de la cita, pero cuando llegaron al bar, se sintió aliviada al ver que Andrew era aún más guapo en persona.

Se pasaron la noche charlando y riendo, y Jessica se dio cuenta de que estaba enamorándose de él. Después de aquella cita, decidieron volver a verse.

En la segunda cita, Jessica no pudo resistirse más. Se acercó a Andrew y lo besó apasionadamente. Sus labios se encontraron, sus lenguas se retorcieron y su deseo se hizo más intenso.

Andrew estaba tan ansioso como Jessica, así que decidieron volver a su casa para satisfacer sus deseos. Una vez que llegaron, comenzaron a besarse apasionadamente mientras sus manos exploraban el cuerpo del otro.

Jessica comenzó a desvestirse lentamente, dejando al descubierto su piel suave y desnuda. Andrew la miraba con deseo mientras ella se quitaba el vestido y se deslizaba entre sus brazos.

Él la llevó al dormitorio y ella lo desnudó también. Estaban tan ansiosos por estar juntos que parecía que no tuvieran tiempo para hacer el amor. En lugar de eso, se entregaron el uno al otro de la forma más desinhibida e intensa.

Jessica se movía sobre él con desesperación, deseando sentir más de él, más de su pasión desbordante. Sus cuerpos se entrelazaban entre gritos de placer y suspiros de deseo.

Ella estaba desbordada de pasión y deseo, y sabía que era el hombre con el que quería estar.

Después de horas de placer, Jessica se sentía satisfecha y relajada.

Siguieron saliendo durante los siguientes meses y Jessica se sintió más feliz que nunca. Había descubierto una pasión desbordante para follar y ahora estaba viviendo su vida de una manera completamente nueva y emocionante.

## Carnaval de Pasión

La luz de la luna llenaba la habitación, bañando el cuerpo desnudo de los amantes en una luz plateada. Estaba envuelta en la caricia de sus dedos mientras él la besaba con pasión. Sus lenguas se mezclaban entre sí, sus cuerpos se entrelazaban con la intensidad de una orquesta en plena sinfonía.

La pasión se elevaba cada vez más y más, hasta que los dos se sumergieron en una explosión de orgasmos. Él la abrazó con fuerza, como si quisiera fusionarse con ella. El fuego de la pasión los consumió con mucha intensidad.

Después, se quedaron abrazados, entrelazados en un beso suave y tierno. Sus almas se unieron en una conexión que ninguna palabra podría describir. Los dos sabían que esta noche, su amor había alcanzado un nivel al que nunca antes habían llegado.

En los días que siguieron, su pasión no disminuyó. Se dedicaron al amor todo el día, haciendo el amor en la cocina, en el sofá, en la cama, en el baño… Se volvieron adictos al placer y la pasión.

Cada vez que se tocaban se excitaban. Comenzaron a experimentar con juguetes sexuales, consoladores, aceites, velas y muchas cosas más. Se sumergieron en un mar de sensaciones y placeres que nunca antes habían experimentado.

Durante el día, no se separaban, y cada noche era una fiesta de pasión. Las velas se encendían, los aceites se derramaban y sus cuerpos se unían en una danza de lujuria.

Un día, decidieron celebrar su amor con una fiesta especial. Invitaron a sus amigos a una fiesta que iba a durar toda la noche. El lugar estaba lleno de luces, música, juegos y comida.

Durante toda la noche, los dos se besaban, bailaban, se acariciaban y se besaban aún más. Los invitados observaban, fascinados, el fuego de la pasión que desprendían.

Finalmente, el amanecer llegó y la fiesta terminó. Los invitados se fueron, y los dos amantes se quedaron solos. Se miraron a los ojos y ambos supieron que tenían que hacer.

## Bailando con Pasión

El sol se elevaba sobre los árboles, llenando la habitación de una luz cálida. Los rayos de luz caían sobre la pareja acostada en la cama. Sus cuerpos entrelazados eran una imagen de pasión sin igual. Sus manos caían sobre la piel desnuda mientras sus labios se unían en un profundo beso.

Era una tarde perfecta para hacer el amor, y eso fue exactamente lo que hicieron. Ellos se amaban con una intensidad y pasión que pocas parejas pueden igualar. Sus cuerpos se contorneaban mientras se unían en un abrazo de pasión.

Era como si el mundo entero se hubiera detenido. No había nada más que ellos dos, unidos por el amor y la lujuria. Sus cuerpos se movían como si estuvieran bailando al son de una melodía desconocida. Se entregaron a la pasión sin preocuparse por nada más.

A medida que el tiempo pasaba, su pasión iba creciendo. La habitación se llenó de una energía cálida y suave que no podían explicar. Era como si el destino les hubiera dado una misión, la cual debían cumplir.

Después de un rato, la pareja decidió dar un paso más allá. Se vistieron con sus mejores galas, preparándose para una noche de magia. Se dirigieron hacia un club nocturno donde había otras parejas bailando con lujuria.

Una vez dentro, ellos se unieron a la ola de pasión que inundaba la sala. El sonido de la música se hizo más intenso a medida que la pareja se sumergía en el ritmo de las canciones. Las luces se encendían y se apagaban al ritmo de la música, creando una atmósfera mágica.

La pareja se movía con una increíble sensualidad. Sus cuerpos se mecían al son de la música, como si estuvieran bailando un vals. Las miradas de los demás no pasaban desapercibidas para ellos. Las demás parejas se acercaban a ellos para bailar y jugar con ellos.

No pasó mucho tiempo antes de que la pareja se viera envuelta en un baile erótico. Estaban bailando juntos con una intensidad y una pasión inigualable. Los movimientos de sus cuerpos eran hipnóticos, creando una atmósfera de lujuria y deseo.

Otras parejas se unieron a ellos, sumándose a la ola de pasión. Ellos bailaban cada vez más cerca, intercambiando besos y caricias. Se miraban a los ojos mientras sus cuerpos se entrelazaban en una danza erótica.

La noche pasó como un sueño, y cuando llegó el amanecer, la pareja se quedó dormida. Se habían sumergido tan profundamente en el baile, que se habían olvidado de todo lo demás.

Cuando se despertaron algunas horas más tarde, descubrieron que habían pasado toda la tarde bailando con pasión. Habían descubierto el placer de compartir su amor con otros y habían vivido una experiencia única.

La pareja volvió a casa con una nueva energía y una nueva pasión. Ya no tenían miedo de explorar sus deseos más profundos y de compartir su amor con otras personas. Habían descubierto que la pasión no conoce fronteras y que el amor es la única fuerza capaz de unir a dos almas.

## Pasiones insondables

Me llamo María y siempre me he considerado una mujer apasionada. A lo largo de mi vida he tenido varias relaciones, pero ninguna me había hecho sentir tan especial como lo hacía mi actual pareja.

Su nombre es Luis y desde el momento en que nos conocimos, fue como si una fuerza invisible nos empujara el uno al otro. Nos uníamos de una forma tan intensa que a veces me sentía atrapada en un torbellino de emociones. Nuestro amor era tan profundo que no había nada que no pudiéramos compartir.

Sin embargo, lo que más me atraía de él era su enorme pene. Desde el momento en que lo vi, supe que él era capaz de satisfacer mis deseos más íntimos. Era una visión tan increíble que me sentía completamente embriagada.

Cada vez que él me tocaba, mi cuerpo se estremecía de placer, y cuando él me penetraba, me sentía llena de éxtasis. Era una sensación tan intensa que me dejaba muda de placer.

Su pene era tan grande que me hacía sentir como si estuviera siendo llenada por completo. A veces, cuando él me penetraba más profundamente, sentía que me deslumbraba el placer. Era una experiencia única que jamás había sentido antes.

Tras cada encuentro, me sentía más cerca de él. Nuestra pasión parecía crecer cada vez más. En cada momento, nuestros cuerpos se deslizaban uno sobre el otro.

Cada vez que nos envolvíamos en el calor de nuestros cuerpos, mi deseo por él crecía. Su pene era tan grande y tan duro que me hacía sentir como si estuviera en el cielo. Esta sensación me hacía perder la noción de la realidad.

Nuestra relación era como un fuego que ardía cada vez más. Cada vez que él me penetraba, la pasión me embargaba y me hacía sentir como si estuviera flotando en una nube.

A veces, cuando él llegaba hasta el fondo de mi cuerpo, sentía que me estaba fundiendo. Era una experiencia única, que me hacía sentir como si estuviera en el paraíso.

Nuestra relación era tan intensa que nos permitía experimentar el más intenso de los placeres. El enorme pene de mi pareja era la clave para desbloquear la puerta a un mundo de sensaciones inimaginables.

Cada vez que él me penetraba, sentía que me estaba elevando a nuevas alturas. Es una experiencia tan increíble que nunca la olvidaré.

## El amor por el Semen

Laura amaba el semen. No solo el sabor, sino también la sensación de succión y la satisfacción que sentía cuando lo tragaba. Era algo que la excitaba profundamente, algo que la hacía sentirse viva.

Desde que era adolescente, Laura había sentido una curiosidad y una fascinación por el semen. Siempre había disfrutado la sensación de succión y el sabor dulce, y cuanto más lo probaba, más se volvía adicta.

Era una mujer apasionada, y esa pasión se manifestaba de muchas formas diferentes. Se sentía atraída por los placeres sexuales y el placer que el semen le proporcionaba era muy satisfactorio.

Cada vez que se encontraba con un nuevo amante, aprovechaba la oportunidad para experimentar con el semen. Se deleitaba con la sensación de succión y el sabor dulce, y cuando el placer llegaba a su punto máximo, Laura soltaba un suspiro de satisfacción.

Sus amantes también disfrutaban los placeres que les proporcionaba Laura, y a menudo la recompensaban con copiosas cantidades de semen. Ella los tragaba con avidez, saboreando cada gota como si fuera un manjar.

A Laura le encantaba hacer el amor con sus amantes y recibir su semen como un premio. A veces, ellos se corrían en su pecho, pero Laura cogía los fluidos con sus manos y los saboreaba antes de tragarlos. A Laura le gustaba sentir el semen resbalando por su garganta y disfrutaba mucho tragándolo.

A medida que pasaban los años, Laura se volvió más apasionada por el semen. Cada vez disfrutaba más tragando la esencia dulce y pegajosa y no podía resistir el deseo de probar nuevas experiencias.

## Lugares públicos

La mañana del 18 de diciembre de 2022 comenzó como cualquier otra para Kyle. Se levantó temprano, se dio una ducha, se vistió y salió a dar un paseo. Kyle era un hombre de treinta y siete años, soltero, en buena forma y con una buena apariencia. No era un hombre muy atractivo, pero tampoco era feo. Siempre había sido un gran amante de la soledad, y aprovechaba cualquier oportunidad para estar solo con sus pensamientos.

Ese día, mientras caminaba por la ciudad, Kyle comenzó a sentirse cada vez más inquieto. Su cuerpo empezó a vibrar con una energía que no podía explicar. Su sangre comenzó a hervir y sus pensamientos se volvieron más y más intensos.

Durante los próximos días, Kyle comenzó a sentir cada vez más ansiedad y deseo. Su cuerpo estaba en constante tensión, sus pensamientos siempre eran de una naturaleza sexual. Se sentía atraído por cualquier cosa que pudiera generar placer, desde una mirada hasta un simple objeto.

Un día, mientras caminaba por la ciudad, Kyle se detuvo en una calle desierta. El silencio era total, y Kyle se permitió sentir el calor de su propio cuerpo. La intensidad de sus pensamientos era cada vez mayor y su cuerpo estaba al borde de una explosión.

Sin pensarlo dos veces, Kyle comenzó a desabotonarse la camisa. Sus manos estaban temblando y su respiración se estaba acelerando.

Comenzó a masturbarse. Sus manos se movían rápidamente sobre su cuerpo, con cada vez más rapidez. La sensación era increíble, como si su cuerpo estuviera a punto de explotar de placer. Kyle estaba completamente entregado a sus sentimientos, sin preocuparse por nada más.

Minutos después, Kyle alcanzó el clímax. El placer recorrió todo su cuerpo, y experimentó una sensación de liberación como nunca antes había sentido.

Kyle recuperó el aliento y se vistió rápidamente. Estaba tan excitado que decidió volver a casa.

Cuando llegó, Kyle se dio cuenta de que la pasión que sentía por la soledad y el placer se habían convertido en algo mucho más importante para él. Ese fue el día en que descubrió su verdadera pasión: la masturbación en lugares públicos.

Durante los meses siguientes, Kyle exploró su nuevo gusto. Se dio cuenta de que no era el único que sentía esa pasión. Había otros hombres que también disfrutaban de la soledad y el placer de la masturbación en lugares públicos.

Juntos, los hombres se reunían para satisfacer sus deseos más profundos. Se encontraban en parques, bibliotecas, edificios abandonados y otros lugares desiertos. Compartían experiencias, hablaban de sus fantasías y se apoyaban mutuamente.

Poco a poco, la pasión de Kyle fue en aumento. Se volvió cada vez más audaz, atreviéndose a explorar lugares cada vez más públicos. Su deseo era insaciable.

A veces, Kyle se pregunta hasta dónde llegará su pasión por la masturbación en lugares públicos. Pero, por ahora, está feliz de disfrutar los placeres que esta ofrece.

## Tentación en la Discoteca

No podía evitar sentir el calor de la música y la pasión de la multitud a mi alrededor. La discoteca estaba llena de gente bailando y disfrutando de la noche. Yo me encontraba entre ellos, sintiendo el ritmo de la música a través de mi cuerpo. Me sentía libre, como si pudiera hacer cualquier cosa.

Me toqué el pelo, me acaricié la cara y me di cuenta de que estaba muy caliente. Sabía que quería algo, pero no estaba segura de qué era. Estaba en una situación donde todos los límites se habían borrado y mi mente se desbocaba.

Miré a mi alrededor y vi a un hombre atractivo con una mirada llena de deseo. Nuestras miradas se cruzaron y sentí una oleada de calor recorrer mi cuerpo. Él me sonrió y yo le devolví la sonrisa. Me sentía como si fuera una adolescente de nuevo y su presencia me impactaba.

Caminamos por la pista de baile y él me tomó la mano. Sentí una descarga eléctrica recorrer mi cuerpo y me di cuenta de que estaba completamente a merced de este hombre. Él me arrastró a un rincón oscuro y me besó con una pasión que nunca había sentido. Sus labios eran cálidos y su lengua exploraba mi boca con una sensualidad desconocida.

Nuestros cuerpos se tocaban y me sentía como si estuviera a punto de explotar. Él me acariciaba el cuello y la espalda con sus manos y yo suspiraba de placer. Al mismo tiempo, sus caderas se movían al ritmo de la música mientras nuestros cuerpos se fundían en uno.

Deseaba completamente a este hombre y no quería que la noche acabara nunca. Su cuerpo caliente me envolvía y me sentía como si estuviera en otro mundo. Estaba completamente perdida en sus brazos y me sentía como si no hubiera nadie más allí.

Entonces, él me susurró al oído: ¿Quieres venirte a mi casa? Mis ojos se abrieron de par en par y sentí que todos mis miedos desaparecían al mismo tiempo. Asentí con la cabeza y salimos de la discoteca.

Nos dirigimos a su casa y una vez allí, nos besamos apasionadamente. Me quitó la ropa con suavidad y comenzó a acariciarme el cuerpo con una ternura que me hizo estremecer. Me sentía completamente enamorada y deseaba que esta noche no terminara nunca.

Sus besos se fueron haciendo más intensos y nos dirigimos hacia la cama. Me abrazó fuertemente mientras nuestros cuerpos se fundían en uno. Él me besaba el cuello y el pecho y yo sentía como la pasión aumentaba.

Su mano recorrió mi cuerpo hasta llegar a mi entrepierna. Yo me puse cachonda al sentir sus dedos acariciando mi clítoris. Me sentí completamente enamorada y cada vez más excitada.

Nuestros cuerpos se movían al ritmo de la música y nuestras lenguas se entrelazaban con una pasión indescriptible. Me sentía como si estuviera en el paraíso y la pasión se volvió más intensa.

Nuestros cuerpos se fundían en uno y la pasión se volvió incontrolable. Sentí que el clímax se acercaba y me dejé llevar por la ola de placer que recorría mi cuerpo.

Cuando todo acabó, nos quedamos abrazados y me sentí completamente satisfecha. Había descubierto una nueva faceta de la pasión que nunca antes había experimentado. La pasión que sentía en la discoteca se había convertido en algo mucho más real y satisfactorio.

La noche acabó y salí de la casa. Mientras caminaba hacia mi casa, sentía como la pasión me embargaba. Me sentía como si el fuego de la pasión nunca se apagara y seguiría quemando dentro de mí.

# Placeres Prohibidos

Made in United States
Orlando, FL
22 June 2024